ART2-D2

GUÍA PARA PLEGAR Y GARABATEAR

UN LIBRO DE LA SERIE YODA ORIGAMI

Título original en inglés: *ART2-D2's. Guide to Folding
and Doodling: An Origami Yoda Activity Book.*

Primera publicación en lengua inglesa en 2013.
Por Amulet Books, un sello de ABRAMS

Primera edición: febrero de 2016

© de la traducción: Carol Isern.
© de esta edición: Roca Editorial de Libros, S. L.
Av. Marquès de l'Argentera 17, pral.
08003 Barcelona
info@rocaeditorial.com
www.rocaeditorial.com

Impreso por: Liberdúplex, s.l.u.
Crta. BV-2249, km 7,4, Pol. Ind. Torrentfondo
Sant llorenç d'Hortons (Barcelona)

ISBN: 978-84-16306-43-5
Depósito legal: B-28626-2015
Código IBIC: YFC
Código del producto: RE06435

ESTE LIBRO ESTÁ DEDICADO A LOS
SUPERDOBLADORES QUE ME HAN ENVIADO
SUS ORIGAMIS, DIBUJOS, CHISTES,
PELÍCULAS Y ARCHIVOS DEL CASO.
¡GRACIAS A TODOS POR LA INSPIRACIÓN! ¡Y
NO DEJÉIS DE HACERLO! ¡ESTO NO SERÍA
DIVERTIDO SIN VOSOTROS!

ÍNDICE

CÓMO DIBUJAR PERSONAS

¡MÁS DIVERSIÓN!

ART2-D2 Y EL NUEVO (MÁS O MENOS) ARCHIVO DEL CASO

POR TOMMY

Vale, este archivo del caso va a ser auténticamente raro.

Bueno, supongo que todos han sido auténticamente raros, así que quizá sea mejor decir que este es raro de forma diferente.

Todo empezó cuando Kellen y Dwight llegaron a la biblioteca una mañana y me pidieron que les ayudara a hacer sus propios expedientes del caso. Bueno, en realidad fue Kellen quien me lo pidió. Dwight estaba intentando mantener en equilibrio un bolígrafo sobre la nariz. (Su actual récord es de un milisegundo.)

—¡He tenido la idea del millón de dólares!
—dijo Kellen—. Voy a hacer un archivo del
caso sobre todos mis secretos para convertirse en un maestro del garabato...

—¿Un maestro del garabato? —se metió
Harvey—. Un maestro del garabato, claro. Un
maestro del garabato... no.

Pero Kellen continuaba sin hacerle caso.

—Y Dwight va a explicar cómo hacer origami. Y Sara podrá hacer sus emoticonos, y Murky hará esos increíbles tampones de Chewbac-
ca hechos con goma de borrar. Y todo el
mundo podrá poner algo, incluso tú, Tommy. Y
cuando lo hayamos terminado, habremos hecho
un impresionante archivo del caso lleno de
garabatos y muñecos y cosas, ¡y quizá nos lo
publiquen!

—¡¿¡¿¡¿¡Que nos lo publiquen!?!?!?! —sol-
tó Harvey—. No te lo van a publicar. ¿Quién
compraría un libro entero lleno de tonterías
como esas?

Dwight dejó caer el bolígrafo al suelo y
sacó a Yoda Origami.

—¿Tan seguro tú estas? —dijo Yoda Origami—.
Siempre contigo lo que no se puede hacer.

Este archivo del caso... lo que se PUEDE hacer te enseñará.

—Suena fantástico —dije—. ¿Cómo lo titularemos? ¿La guía de Yoda Origami para garabatear, plegar y otras cosas?

—No —dijo Kellen—. Yoda Origami podría ayudar un poco seguramente, pero aquí tenemos a la estrella...

Y sacó un fantástico R2-D2 de origami. Estaba hecho de tal manera que la cabeza era plateada y el cuerpo, blanco.

—¡Es Art2-D2! —anunció Kellen.

Comentario de Harvey

Que alguien me oculte hasta que todo esto haya terminado.

Comentario de Tommy: Oh, venga, Harvey. Dale una oportunidad. Quizá te conviertas en un Jedi dibujante.

Comentario de Kellen

MÁS BIEN EN UN ESCRITORZUELO SITH...
¡PERO BASTA DE CHÁCHARA! ¡MANOS A LA OBRA!

¡PIIP!

POR KELLEN

MIRA, PARA DIBUJAR NO EXISTEN NORMAS, OBLIGACIONES, NIVELES NI NADA PARECIDO. SI LO HACES... LO HACES.

¡ESCRIBIR EN ESTA VIÑETA DEBES!

LA ÚNICA FORMA DE FALLAR ES <u>NO</u> ESCRIBIENDO EN LA VIÑETA. (HAS ESCRITO EN LA VIÑETA ¿VERDAD?).

¡QUÉ TONTERÍA! ¿POR QUÉ DEBERÍA ESCRIBIR EN LA VIÑETA?

EL PRIMER PASO ES PARA SER UN JEDI DIBUJANTE.

¡PERO LO ÚNICO QUE SÉ DIBUJAR SON MUÑECOS DE PALO!

¡NO!

HARVEY

¡¡¡MUÑECOS DE PALO AL LADO OSCURO CONDUCEN!!!

¿EH?

MÁS FÁCILES Y RÁPIDOS SON... PERO NO DIGNOS DE TI SON...

VEN, PA-DAWAN..., VAMOS A ENSEÑARTE...

¡UN MOMENTO! ¿ESTO VA A SER UNA DE ESAS COSAS EN QUE DEBO DIBUJAR UN MONTÓN DE CÍRCULOS?

EN ABSOLUTO... NADA DE MODERNECES... ¡SOLO BUEN DIBUJO CLÁSICO! ¡COMO ESTE!

¡EH! ¡DEJA DE DIBUJARME EN CALZONCILLOS!

¡VALE!

¡NOO!

CÓMO DIBUJAR UN YODA ORIGAMI EXPRÉS

POR KELLEN

DEBO DE HABER DIBUJADO A YODA ORIGAMI UN MILLÓN DE VECES. ¡FINALMENTE ENCONTRÉ LA MANERA DE HACERLO EN 8 SEGUNDOS!

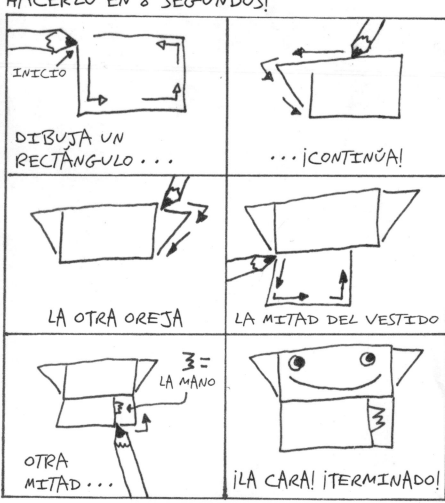

INICIO

DIBUJA UN RECTÁNGULO...

...¡CONTINÚA!

LA OTRA OREJA

LA MITAD DEL VESTIDO

3 = LA MANO

OTRA MITAD...

¡LA CARA! ¡TERMINADO!

HAZ ALGUNOS BIEN DIBUJADOS...

¡Y AHORA DIBUJA OTROS EXPRÉS!

HACEN FALTA MÁS DE 1,7 SEGUNDOS PARA HACER A DARTH PAPER, ¡PERO CONTINÚA SIENDO EXPRÉS!

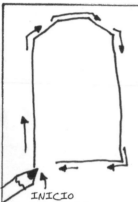

INICIO

...¡CONTINÚA! HAZ UNA «M» GRANDE.

AÑADE LOS OJOS... CON LAS LÍNEAS DE LOS REFLEJOS.

RESPIRADOR... CON LÍNEAS

LOS DOS LADOS DEL CUERPO

HAZ UNA ESPADA DE LUZ Y UN PANEL DE CONTROL. ¡TERMINADO!

PISTA: DIBUJA LAS LÍNEAS DEL RESPIRADOR COMO UNA MUECA... ¡NO COMO UNA SONRISA!

DIBUJA A VADER ...

AHORA PUEDES HACER QUE LUCHEN

KELLEN

CÓMO DIBUJAR A UN FORTUNE WOOKIEE EXPRÉS

POR KELLEN

¡A CHEWIE, CUANTO MÁS DEPRISA LO DIBUJES, MÁS WOOKIEE QUEDARÁ!

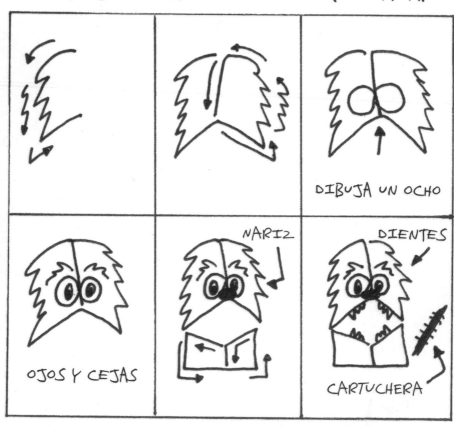

DIBUJA UN OCHO

OJOS Y CEJAS

NARIZ

DIENTES

CARTUCHERA

LA CARTUCHERA DE CHEWIE ES UNA LÍNEA GRUESA CON CUATRO O CINCO LÍNEAS QUE LA CRUZAN. TÉCNICAMENTE, DEBERÍA SER UNA TIRA GRUESA Y NEGRA CON UNOS PEQUEÑOS RECTÁNGULOS, PERO DIBUJAR ESO ES UNA PESADEZ.

DIBUJA ALGUNOS CHEWIES AQUÍ · · ·

EL CUERPO DE ART2 ES FÁCIL, PERO LAS PARTES DE LA MÁQUINA REQUIEREN UN POCO MÁS DE TIEMPO.

¡GENIAL, AHORA PUEDO DIBUJAR MUCHO MÁS RÁPIDO!

¿QUÉ TAL HACER UNOS ART2?

CÓMO DIBUJAR UNA NO-TORTUGA

POR CASSIE

¡Hola, soy Cassie! Voy a enseñaros a dibujar un AT-AT imperial!

¿QUÉ? ¡NO SÉ DIBUJAR UN AT-AT! ¡¡NO SÉ DIBUJAR NADA!!

¡TONTERÍAS, HARVEY!

¿NUNCA HAS TRAZADO EL CONTORNO DE TU MANO PARA DIBUJAR UNA TORTUGA?

SÍ, ¿Y QUÉ? ¿PARA QUÉ DIBUJAR OTRA TORTUGA?

¡PARA NADA! ¡POR ESO VAS A DIBUJAR UN AT-AT EN LUGAR DE UNA TORTUGA!

Dale la vuelta a la mano y ponla del revés. Añádele unos cuantos detalles y . . .

¡BZZAPP!

¡SOLTAD EL CABLE DE REMOLQUE!

18

Gira el libro y dibuja el contorno
de tu mano aquí . . .

¿Qué otras cosas puedes dibujar que no sean una tortuga? ¿Qué tal los Modal Nodes de *La guerra de las galaxias*?

Intenta dibujarlos en esta mano, ¡y luego hazlo en la tuya!

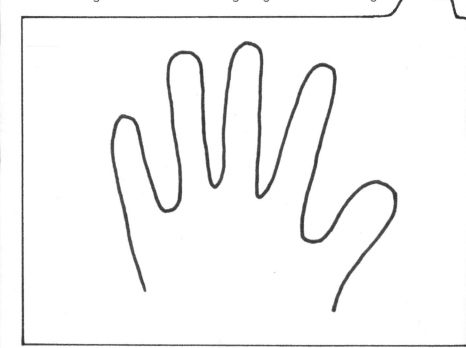

Traza el contorno de tu mano
otra vez aquí . . .

CÓMO DIBUJAR EL CASCO DE DARTH VADER

POR KELLEN

PON LAS MANOS ASÍ

HAZ QUE UN AMIGO TRACE ESTE CONTORNO, ¡Y LUEGO AÑADE LOS DETALLES!

AÑADE SU RESPIRADOR.

DIBUJA LAS LÍNEAS DEL RESPIRADOR.

DIBUJA UNA ESCALERA.

DIBUJA UN OJO A CADA LADO.

DIBUJA UNA LÍNEA POR ENCIMA DE LOS OJOS.

¡HECHO!

¡EH! ¡MI CASCO ES TOSCO!

ES TU TURNO. (¡PROCURA QUE EL CASCO QUEDE TOSCO!) ¡A ÉL NO LE GUSTA!

DIBUJAR LETRAS Y NÚMEROS

POR QUAVONDO

A VECES EMPEZAR POR LA PARTE MÁS DIFÍCIL PUEDE SER...

LA PÁGINA EN BLANCO... DAR MIEDO PUEDE.

¡Por eso me gusta empezar con letras y números!

Boba Fett

T + Π + 9

Inténtalo...

R2-D2

A + 1 + 1 + E + 8 + 0 + E

Droide de combate

9 + 0 + E + E + d

¡RECI-BIDO!

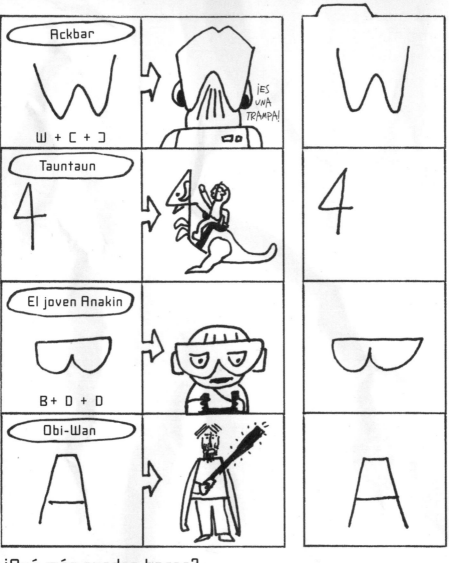

¿Qué más puedes hacer?

¿Qué puedes dibujar con estas letras?

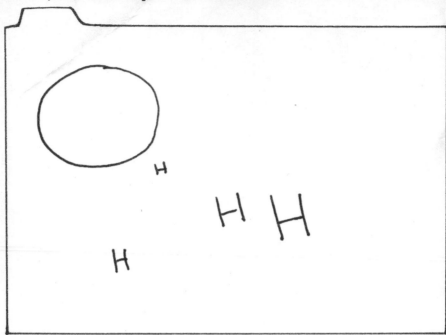

¿Y con esta? ¡Dale la vuelta si quieres!

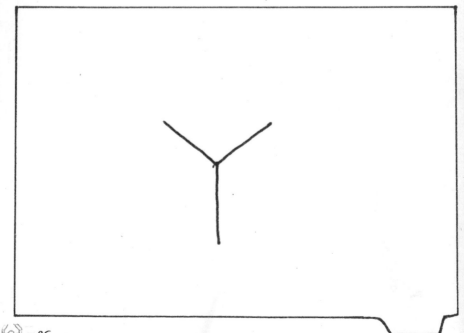

Ahora con las tuyas . . .

LETRAS INCREÍBLES

POR REMI (CON INTRODUCCIÓN DE KELLEN)

STAR WARS	STAR WARS
(NO DODO)	(DODO)

¿¿¿TE IMAGINAS QUE EL LOGO DE LA GUERRA DE LAS GALAXIAS FUERA COMO EL DE LA IZQUIERDA??? ¡¡CLARO QUE NO!! GEORGE LUCAS SE PREOCUPÓ DE QUE LAS COSAS TUVIERAN BUEN ASPECTO, ASÍ QUE CONTRATÓ A UN ARTISTA PARA QUE DIBUJARA EL TÍTULO MÁS INCREÍBLE Y DODO DEL MUNDO...

BUENO, YO TAMBIÉN QUERÍA SER CAPAZ DE DIBUJAR LETRAS GUAYS... POR ESO LLAMÉ A UNA EXPERTA... LA REINA DE LOS <u>DIBUJOS DE PORTADA</u>...

¡GRACIAS, KELLEN!

Vale, lo primero es aprender a dibujar letras como estas . . .

Inténtalo . . .

S W Q ?

Ha sido fácil, ¿verdad? ¡¡¡Bueno, si practicas un poco, conseguirás dibujar los contornos sin dibujar las letras normales primero!!!

S W Q b y ?

Imagínate que dibujas alrededor de las letras normales, ¿vale?

Nota: Procura poner los agujeros en el sitio adecuado.

NO   NO   SÍ

(A no ser que lo quieras así.)

3D

¡Las letras en tres dimensiones son fáciles! ¡O, por lo menos, no MUY difíciles! Empecemos con la «L», superfácil . . .

Empieza con el contorno.	Dibuja unas líneas diagonales en las esquinas.	Conecta los extremos con otras líneas. Ahora, sombrea.

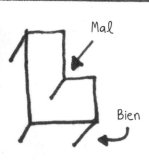

Mal

Bien

No dibujes líneas diagonales por encima de las letras. Ten cuidado de que todas tengan la misma inclinación.

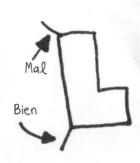

Mal

Bien

Prueba con estos contornos . . .

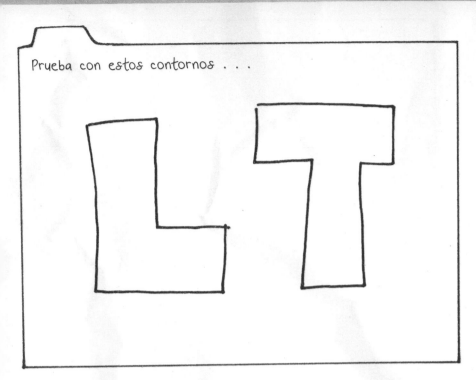

Algunas letras son más difíciles que otras . . . ¡en especial, las redondas! No te preocupes si no te salen perfectas.

No olvides el agujero.

Practica aquí tus letras:

TOMMY NO SABE DIBUJAR

POR TOMMY

NO R2

Tengo muchas esperanzas de que este archivo del caso me ayude a aprender a dibujar, porque ahora mismo lo hago fatal. ¡A pesar de ello, quería formar parte de él! Pero recordé estos dibujos que vi en alguna parte.

Barco que llega tarde para salvar a una bruja	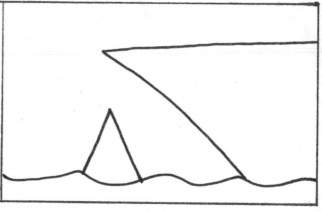

¡Puedes hacer este dibujo sin saber dibujar! Así que me di cuenta de que sería fácil adaptarlo a *La guerra de las galaxias* . . .

Destructor estelar que llega tarde para salvar a Cad Bane	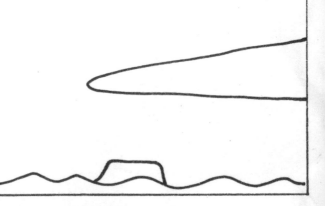

A ver si adivinas qué son:

1.

2.

3.

4.

5.

(Pasa página para ver las respuestas.)

Respuestas
1. ¡Deja el Ala-X, Yoda!
2. Se parece mucho a un clon, o a dos reptadores de las arenas a punto de chocar.
3. ¡¡Caza TIE ataca!! ¡¡Por el lado!!
4. Soldado de las nieves en una tormenta de nieve, o dos reptadores de las arenas a punto de chocar . . . en una tormenta de nieve.
5. Wicket encuentra a la princesa Leia escondida en un bosque de Endor

¿Puedes hacer algunos tú?
1. Droide gonk (solo se ve la pierna)
2. Primer plano de Sy Snootles cantando
3. Mace Windu y Ki-Adi-Mundi van a nadar.
4. Capa de Grievous . . . en una cuerda de tender.
5. ¡Ahora haz los tuyos!

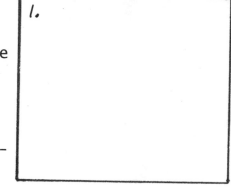

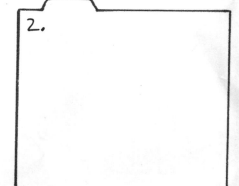

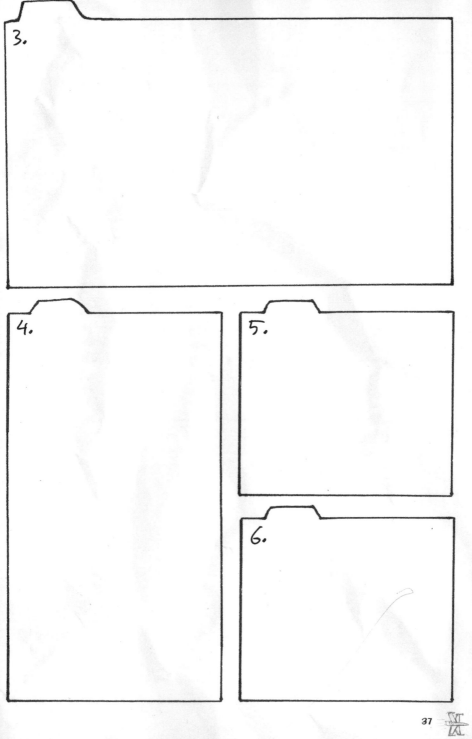

3.

4.

5.

6.

LA FÁBRICA DE EMOTICONOS DE SARA

POR SARA

Traza el contorno de una moneda

Añade los detalles

¡HOLA! ¡SOY LEIA!

¡Con unos cuantos detalles es suficiente!

LUKE

HAN

OBI-WAN

Pruébalo aquí:

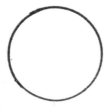

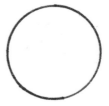

EH, ¿POR QUÉ TODO EL MUNDO SONRÍE?

¡PORQUE SON EMO-TICONOS!

DWIGHT

TOMMY

KELLEN

RHONDELLA

Ahora, tus amigos:

AMY

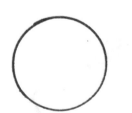

RISILLAS

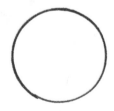

MURKY

Los espacios en blanco pueden ser útiles . . .

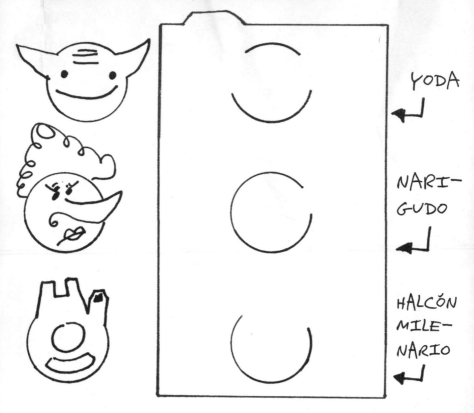

YODA ←

NARI-
GUDO ←

HALCÓN
MILE-
NARIO ←

¡Se trata de dónde pones los ojos!

¡ES
UNA
TRAMPA!

Traza la parte superior de una moneda.

Añade una base cuadrada.

BOBA

BANTHA

JABBA

TIPO DE LA CANTINA

TIENES RAZÓN, ARTZ. ¡NO TODOS DEBERÍAN SER SIMPÁTICOS!

LA ÚNICA LÍNEA DE LANCE

POR LANCE (¡CLARO!)

¡No se lo digas a Yoda, pero estos son tan fáciles de dibujar como los muñecos de palo! Y son más rápidos de hacer, porque no has de levantar el lápiz (demasiado). ¡Deja que se deslice!

Aquí tenéis una figura básica:

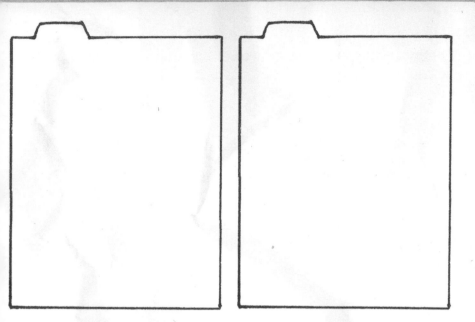

Practícalo un par de veces . . . ¡y, luego, haz variaciones!

¡Lo creas o no, puedes dibujar a Jabba con UNA línea!
(Bueno, más dos ojos y, quizá, Bib Fortuna y Salacious Crumb).

No te preocupes, Art2. ¡No nos hemos olvidado de ti!

CÓMO DIBUJAR PERROS (Y GATOS)

POR CAROLINE

Puedes dibujar casi a cualquier perro con una única línea. Así...

M	Empieza con una «M».
	Luego añade una «V» ladeada.
	Luego, una «W».
	Luego otra línea y otra «V».

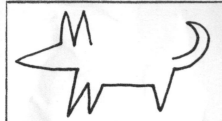

Añade el tipo de cola que te guste.

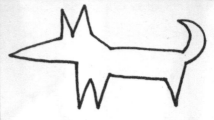

Luego dibuja una línea por encima y conéctala con las orejas.

Añade unos puntos para hacer los ojos y la nariz, y una línea gruesa para hacer el collar.

Añade la boca y una «V» para hacer la pata trasera del fondo.

¡Ahora que ya sabes dibujar un perro básico, añade algunos detalles para hacerlo mejor!

Espacio entre las orejas

Ojos abiertos

Nariz

Mancha

Dientes

Espacio entre las patas

Pelo

Cac

Patas de distintos tamaños

¡¡Y puedes dibujar gatos de la misma forma!!

EH · · ·
PREGUNTA:
¿EN LA
GUERRA
DE LAS
GALAXIAS
HAY GATOS
Y PERROS?
RESPUESTA:
¡NO!

EN PRIMER LUGAR, NO TODOS LOS DIBUJOS HAN DE SER DE LA GUERRA DE LAS GALAXIAS.

EN SEGUNDO LUGAR, PODEMOS USAR LA TÉCNICA DE CAROLINE PARA DIBUJAR FIGURAS DE CUATRO PATAS Y DIBUJAR CRIATURAS QUE <u>SÍ</u> SON DE LA GUERRA DE LAS GALAXIAS.

CRIATURAS DE LA GUERRA DE LAS GALAXIAS AL ESTILO DE CAROLINE

POR KELLEN

HE AQUÍ CÓMO USAR LA TÉCNICA DE CAROLINE PARA HACER UNA FANTÁSTICA CRIATURA DE LAS ARENAS, ¡UN REEK!

EMPIEZA CON UN CUERNO EN LUGAR DE LAS OREJAS...

AÑADE UNA ARRUGA Y LA MANDÍBULA

DEJA UN ESPACIO EN BLANCO... LUEGO, DIBUJA LAS PATAS DELANTERAS...

Y UNA PATA TRASERA.

AÑADE UNA COLA CORTA Y
UNA ESPALDA CON JOROBA.
CONÉCTALA CON LA NARIZ.

RELLENA LOS DETALLES...

¡O UN AT-AT!

AÑADE:
- LA CUARTA PATA
- DETALLES
- EFECTO 3D
  DE LAS LETRAS
- ¡AERODESLIZADOR!

DROIDE
ARAÑA

DIBUJA TUS PROPIAS CRIATURAS · · ·

GLOBOS DE DIÁLOGO
POR KELLEN

CUANDO YA DIBUJES PERSONAJES Y CRIATURAS, SEGURO QUE QUERRÁS HACERLOS HABLAR AÑADIENDO UNOS GLOBOS DE DIÁLOGO. NO QUIERO PARECERME A HARVEY, PERO . . . ¡HAZLO BIEN!

¡ANTES DE DIBUJAR UN GLOBO DE DIÁLOGO, LAS PALABRAS PRIMERO DEBES ESCRIBIR!

¡ANTES DE DIBUJAR UN GLOBO DE DIÁLOGO, LAS PALABRAS PRIMERO DEBES ESCRIBIR!

¡DEBES!

¡ANTES DE DIBUJAR UN GLOBO DE DIÁLOGO, LAS PALABRAS PRIMERO DEBES ESCRIBIR!

PRUÉBALO TÚ MISMO . . .

¿QUÉ ES MÁS FÁCIL? ¿INTENTAR METER TODAS ESAS PALABRAS EN UN GLOBO . . .

. . . O DIBUJAR EL GLOBO ALREDEDOR DE LAS PALABRAS YA ESCRITAS?

RECUERDA . . .

PARA LOS PENSAMIENTOS SE UTILIZAN GLOBOS DE ESTE TIPO

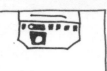

LA COMPOSICIÓN
POR KELLEN

CUANDO DIBUJES, MUCHAS VECES HAS DE METER LOS DIBUJOS COMO PUEDAS. PERO SI TIENES UN BUEN ESPACIO PARA LLENAR, INTENTA HACERLO CON ESTILO...

DISCULPA, PERO... ARTZ DICE...

NO TIENES POR QUÉ DIBUJAR EN MEDIO DE LA PÁGINA O LA VIÑETA

NI DIBUJAR EL DROIDE ENTERO...

NI SIQUIERA DIBUJARLO RECTO...

¡OH, VAYA!

DIBU-GAMI
POR DWIGHT Y KELLEN

DWIGHT HACE UN ORIGAMI.

+

KELLEN HACE LOS DIBUJOS.

Y JUNTOS, HACEN ... ¡¡¡UN DIBU-GAMI!!!

¿UN DIBU-GAMI? ¿EN SERIO?

¡SÍ! ¡Y AHORA, CÁLLATE, CORTA UN TROZO DE PAPEL EN CUATRO Y EMPIEZA A DOBLAR!

¡PRIMERO, DWIGHT OS ENSEÑARÁ CÓMO DOBLAR LA MARIONETA DE DEDO MÁS SENCILLA DEL MUNDO EN SOLO TRES DOBLECES!

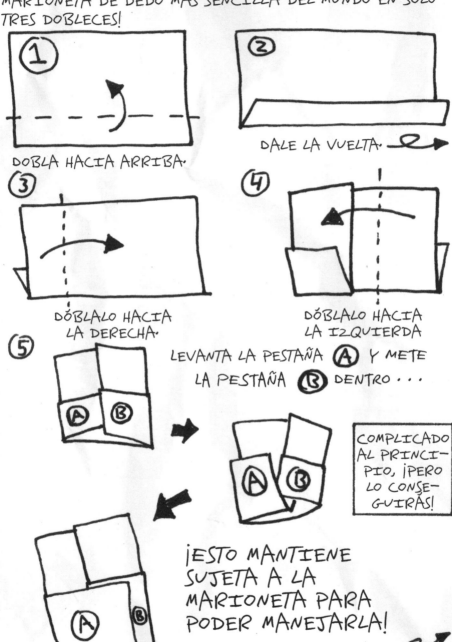

① DOBLA HACIA ARRIBA.

② DALE LA VUELTA.

③ DÓBLALO HACIA LA DERECHA.

④ DÓBLALO HACIA LA IZQUIERDA

⑤ LEVANTA LA PESTAÑA Ⓐ Y METE LA PESTAÑA Ⓑ DENTRO...

COMPLICADO AL PRINCIPIO, ¡PERO LO CONSEGUIRÁS!

¡ESTO MANTIENE SUJETA A LA MARIONETA PARA PODER MANEJARLA!

GIRA LA PÁGINA.

61

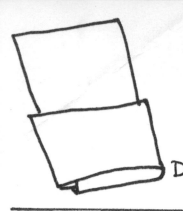

DALE LA VUELTA A LA MARIONETA. ¡AHORA PUEDES CONVERTIRLA EN QUIEN QUIERAS, DIBUJANDO EN ELLA!

CONSEJO: ¡PRACTICA PRIMERO EL DIBUJO, ANTES DE HACERLO EN LA MARIONETA DE DEDO!

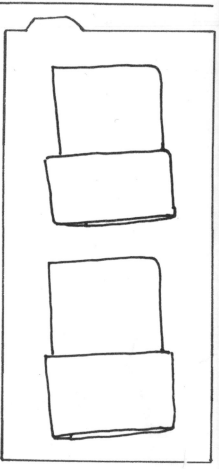

AHORA PRUEBA A HACER ALGUNAS VARIACIONES SENCI-
LLAS PARA HACER MARIONETAS DISTINTAS. EMPIEZA CON
UN PAPEL LARGO.

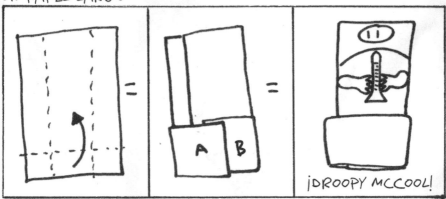

¡DROOPY MCCOOL!

O PRUEBA A HACERLO CON 1 MÁS GRANDE...

¡GIRAR!

¡SR. HOWELL!

O DOBLA LAS ESQUINAS PARA HACER UNA CABEZA REDONDA.

¡RHRR!

¡AQUÍ TIENES UNA VERSIÓN PELUDA!

ENTRE LOS PASOS 1 Y 2, DOBLA UNA O DOS VECES MÁS PARA HACER EL PELO...

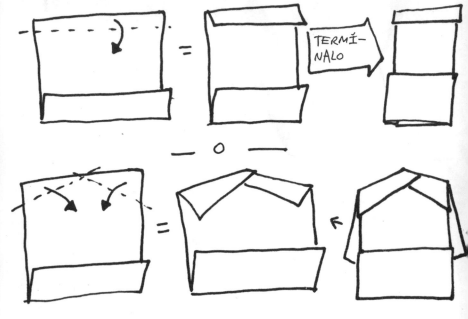

TERMÍNALO

— o —

TERMÍNALO
Y SACA EL
PAPEL EXTRA
DE DETRÁS
PARA HACER
EL PELO.

UAU.... ¡SON TOMMY Y SARA!

¡PUAJ! ¡SI HACES QUE SE BESEN, VOY A VOMITAR!

HE AQUÍ UNA VARIANTE IMPERIAL!
SOLDADOS DE LAS NIEVES Y SOLDADOS CLON!

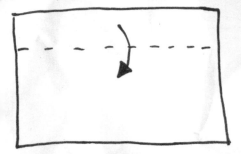

DOBLA HACIA ABAJO.

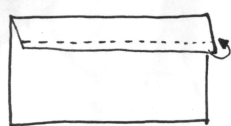

DOBLA UNA TIRA DELGADA.

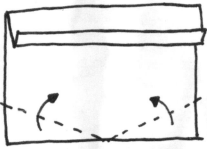

DOBLA LAS ESQUINAS HACIA ARRIBA.

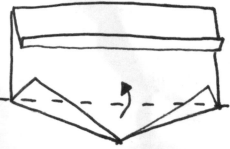

DOBLA LA PUNTA HACIA ARRIBA.

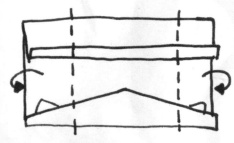

AHORA DOBLA LOS LADOS HACIA ATRÁS, COMO EN LA MARIONETA BÁSICA. (¡PERO NO JUNTES LAS SOLAPAS, TODAVÍA!)

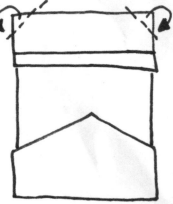

DOBLA LAS ESQUINAS HACIA ATRÁS PARA HACER EL CASCO REDONDO.

¡¡¡OPCIONAL!!!

CON EL DEDO ÍNDICE, SACA EL PAPEL DE DETRÁS DEL CASCO.

INSERTA EL DEDO DETRÁS DE CASCO...

SACA UN BOLSILLITO PARA EXTENDER LOS LADOS DEL CASCO...

COLOREA TODA ESTA TIRA.

LOS OJOS SON TRIÁNGULOS REDONDEADOS.

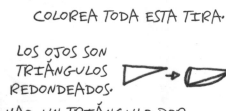

HAZ UN TRIÁNGULO POR ENCIMA DE LA PESTAÑA, LUEGO LLÉNALO CON UNAS LÍNEAS GRUESAS. (MUEVE LA PESTAÑA PARA PODER DIBUJAR MEJOR.)

NO TE OLVIDES DE TODO ESTO.

PHASE II

¡CON ALGUNOS CAMBIOS, PUEDES HACER CLONES!

REX

¡PERO ASEGÚRATE DE HACER BIEN SUS MARCAS IDENTIFICATIVAS!

UNA MARIONETA UNIVERSAL

POR DWIGHT Y KELLEN

CON ESTA MARIONETA PUEDES HACER CASI
CUALQUIER COSA... SEGÚN CÓMO EMPIECES.

GIRA EL PAPEL...

ANCHO
(COMO
ART2-D2)

O

ALTO
(COMO
C-3PO)

EN LOS DOS CASOS, SE DOBLA DE LA MISMA
MANERA... ¡EMPECEMOS CON EL ANCHO!

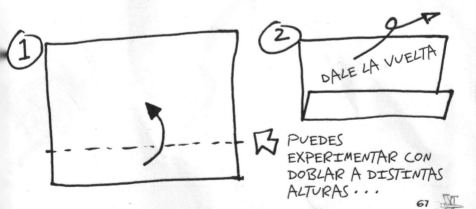

①

② DALE LA VUELTA

PUEDES
EXPERIMENTAR CON
DOBLAR A DISTINTAS
ALTURAS...

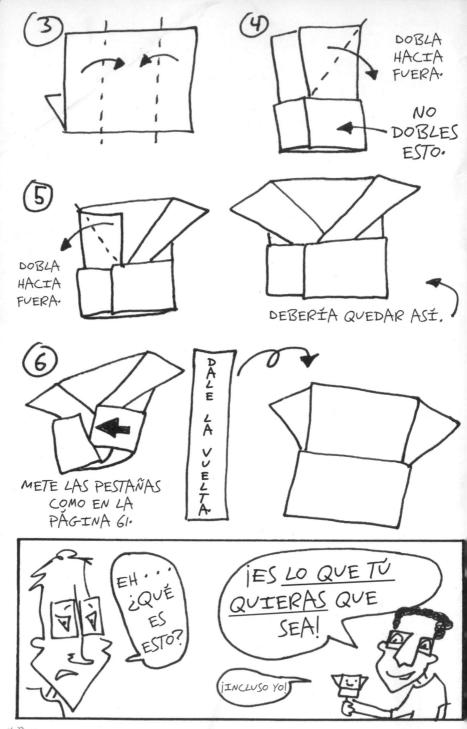

¡CAMBIANDO LAS SOLAPAS DE LAS OREJAS,
TORCIENDO AL DOBLAR Y DIBUJANDO, PUEDES
CONVERTIR A LA MARIONETA UNIVERSAL EN QUIEN
TÚ QUIERAS (O CASI)!

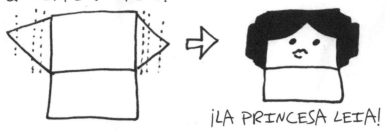

¡LA PRINCESA LEIA!

¡NO TENGAS MIEDO A EXPERIMENTAR!

¡ORIGAMIS RECICLABLES LOS ERRORES SON!

¡EXACTO! ¡EMPIEZA POR RECICLAR ESTE TAUNTAUN!

¡ESO HA SIDO MUY POCO CONSIDERADO!

QUIZÁ PREFIERAS PRACTICAR PRIMERO CON EL DIBUJO...

ART2-D2
Y C-3PO
POR DWIGHT Y KELLEN

¡PUEDES EMPLEAR LA TÉCNICA UNIVERSAL PARA HACER A LOS DOS DROIDES! ¡PRIMERO: ART2!

①

DOBLA LA PARTE SUPERIOR HACIA ABAJO. (¡NO DEMASIADO!)

②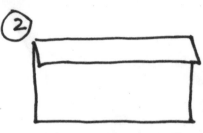

DALE LA VUELTA.

③

DOBLA LOS DOS LADOS HACIA EL CENTRO.

④ EN LUGAR DE DOBLAR LAS ESQUINAS SUPERIORES, LO HAREMOS CON LAS INFERIORES...

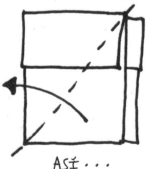

ASÍ...

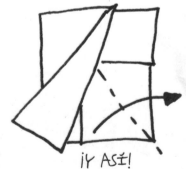

¡Y ASÍ!

(NOTA: LA LÍNEA DE PUNTOS VA DE ESQUINA A ESQUINA.)

5 AHORA DALE LA VUELTA.

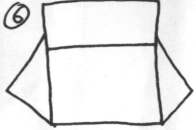

6 SE PARECE UN POCO A ART2, ¿VERDAD?

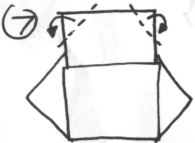

7 DOBLA LAS ESQUINAS HACIA ATRÁS PARA HACER LA CABEZA.

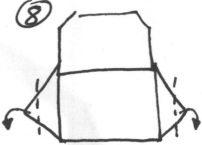

8 DOBLA LAS ESQUINAS HACIA ATRÁS PARA HACER LAS PATAS.

9 DOBLA LA PARTE INFERIOR HACIA ATRÁS UN POCO.

10 ¡LISTO! ¡AHORA DECÓRALO!

SENCILLO O CON DETALLES

¡AHORA C-3PO SERÁ
FÁCIL! EMPIEZA
CON EL PAPEL ALTO Y
SIGUE LOS PASOS DE
ART2 EXCEPTO EL #9.

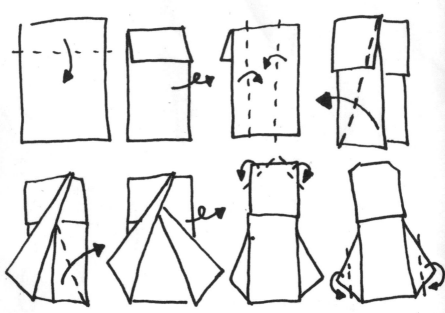

¡Y DECÓRALO!

CONSEJO: LOS OJOS SON
CÍRCULOS + LÍNEAS + UN PUNTO.

UN PLIEGUE MÁS

POR DWIGHT Y KELLEN

① COLOREA RÁPIDAMENTE UNO DE LOS LADOS DE COLOR MARRÓN...

COLOR

DALE LA VUELTA.

② Y EL OTRO LADO, VERDE.

COLOR

③ CON EL LADO VERDE ARRIBA HAZ LA MARIONETA UNIVERSAL...

DALE LA VUELTA.

④ DOBLA HACIA ABAJO.

DIBUJA LA CARA.

METE AQUÍ EL SABLE DE LUZ. (VÉASE PÁGINA 75)

O . . . ¡HAZLO CON EL PAPEL ALTO! DEJA UN LADO EN BLANCO. RELLENA EL OTRO LADO DE PUNTOS NARANJ...

DOBLA HACIA ARRIBA.

¿TE RECUERDA A ALGUIEN?

AHORA SIGUE EL RESTO DE INSTRUCCIONES DE LA MARIONETA UNIVERSAL.

DOBLA HACIA ABAJO.

DEBERÍA QUEDAR MÁS O MENOS ASÍ . . .

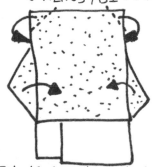

DOBLA LAS ESQUINAS DE LA CABEZA HACIA ATRÁS Y LOS TRIÁNGULOS DE LOS OJOS HACIA DELANTE.

¡ES UNA TRAMPA!

AÑADE LOS OJOS, LA BOCA Y LAS COSAS DEL UNIFORME.

FINALMENTE...
¡SABLES DE LUZ!
POR DWIGHT Y KELLEN

CORTA EL PAPEL POR LA MITAD.

COLOREA UNO DE LOS LADOS...

PÚRPURA

Y AHORA TERMÍNALO COMO UNA MARIONETA DE TRES DOBLECES!

①

DOBLA HACIA ARRIBA.

②

DOBLA HACIA ATRÁS.

③

METE LAS PESTAÑAS POR DETRÁS.

BONITA Y FUERTE

AÑADE LOS BOTONES EN LA EMPUÑADURA Y COLORÉALA DE NEGRO.

M.W.

¡LISTA PARA ENTRAR EN ACCIÓN!

DARTH PAPER
INVENTADO POR HARVEY
DIBUJADO POR KELLEN

BEN

¡Por fin! ¡Harvey va a revelar, finalmente, cómo hacer a Darth Paper! No el Darth Paper de Ben (el cual, lo admito, era bastante bueno), ¡sino MI Darth Paper! ¡El AUTÉNTICO Darth Paper! ¡Pero no es fácil! Esto ya es una lección avanzada. Primero, asegúrate de que sabes hacer un buen pliegue...

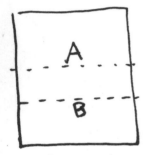

Cómo hacer el pliegue

Dobla hacia arriba por A...

y hacia abajo por B.

Resultado: ¡un zigzag de papel!

Vista lateral

Vale... ¿Listo para hacer a Darth?

1

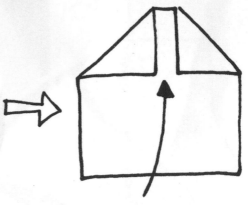

Dobla como si empezaras a hacer un avión, pero . . .

¡deja un espacio!

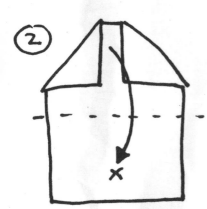

2

Dobla la parte de arriba hacia abajo.

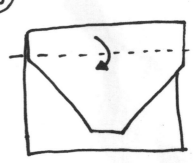

3

Dobla hacia abajo otra vez.

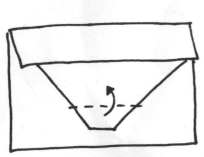

4

Dobla la punta hacia arriba.

Primer plano

77

⑤ ¡Ahora, el pliegue!

Dobla hacia arriba
por A . . .

⑥

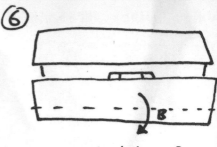

y hacia abajo por B.

Resultado . . .

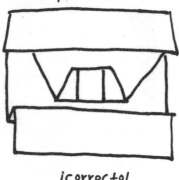

¡correcto!

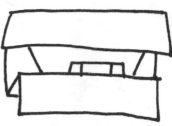

¡Equivocado!
¡El pliegue cubre la
cara de Vader!

⑦

Dobla las esquinas hacia
abajo para hacer los lados
del casco.

Resultado

¡Asegúrate de que no
le has tapado la cara a
Vader! (¡odia que
le pase eso!)

⑧ ¡Esto es difícil de hacer, porque debes doblar varias capas de papel!

Dobla los lados del casco.

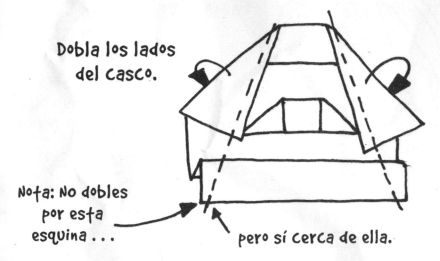

Nota: No dobles por esta esquina...

pero sí cerca de ella.

⑨ Resultado...

Espero que te queden dos piernas triangulares en la parte de abajo. Si no, prueba a volver a hacer el paso 8.

Nota de Tommy: ¡Imposible!

Ahora dobla los lados hacia atrás, con cuidado de NO volver a doblar el casco, solo los lados de abajo.

Resultado...

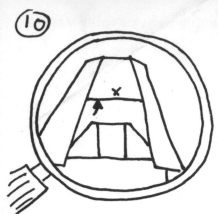

(10)

Ahora, vamos a hacer las famosa cejas en el casco de Vader.

Sujeta la X con el pulgar derecho y levanta el papel hacia arriba con el pulgar izquierdo.

(11) Ahora cambia de pulgares y levanta el papel por el otro lado. Ten cuidado de no romperlo.

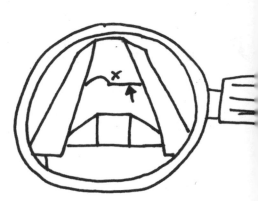

(12) Decóralo y pon el sable de luz en el pliegue.

Para usarlo . . .

Pon el dedo en el pliegue

o

Pon el dedo debajo de la máscara.

Comentario de Tommy: No te preocupes si la primera vez no sale muy bien. ¡Incluso Harvey necesitó practicar un poco para conseguir doblarlo todo de la manera correcta!

Siempre me preguntan cómo hacer que la cabeza de
Anakin esté debajo de la máscara . . . Esta es la parte
genial de MI versión de Darth Paper. ¡La cabeza de
Anakin ya está ahí!

Si levantas la máscara de
Darth Paper, quizá creas que
no aparece. Pero si tiras de uno
de los lados . . . ¡se levantará
una PESTAÑA escondida!

¡Si sacas los dos lados
fuera, encontrarás el lugar
perfecto para dibujar la
cara de Anakin!

¡NOOOOOO!

YODA ORIGAMI
CONTRA DARTH PAPER

POR KELLEN

PUEDES HACER QUE TUS MARIONETAS DE ORIGAMI LUCHEN

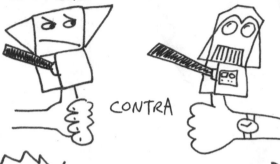

CONTRA

DEDOS ENGANCHADOS.

EMPLEA LA FUERZA... ¡O EL PULGAR!

TOMMY

HARVEY

¡¡TUMBA A TU CONTRINCANTE!!

¡EL PRIMERO QUE CAIGA AL SUELO, PIERDE!

PRUEBA OTROS DUELOS FAMOSOS... ¡LUKE CONTRA VADER, DARTH MAUL CONTRA OBI-WAN, LA DIRECTORA RABBSKI CONTRA EL SENTIDO COMÚN!

¡OH, POP!

UN GENERAL GRIEVOUS DE KIRIGAMI

POR DWIGHT Y KELLEN

KIRIGAMI COMO ORIGAMI ES, PERO CORTADO CON TIJERAS EL PAPEL ES. MIL POSIBILIDADES NUEVAS ABRE...

¡PENOSO!

¡SI CORTAS EL PAPEL, NO ES ORIGAMI AUTÉNTICO, SOLO ES ORIGAMI PENOSO!

¿QUIÉN OSA LLAMARME PENOSO?

¡EH, YO NO!

① 1/4 HOJA DE PAPEL

② DOBLA POR LA MITAD.

③ CORTA LAS DOS A LA VEZ.

④ DESDOBLA.

⑤ DOBLA HACIA ARRIBA A 1,5 CM.

⑥ DOBLA LOS LADOS POR ENCIMA.

VIGILA QUE LAS LÍNEAS DE PUNTO COINCIDAN CON LOS CORTES DEL PASO 3.

6½ SI PUEDES, UNE LAS PESTAÑAS, COMO EN LA MARIONETA BÁSICA. ¡AQUÍ ES MÁS DIFÍCIL PORQUE ESTÁN DENTRO!

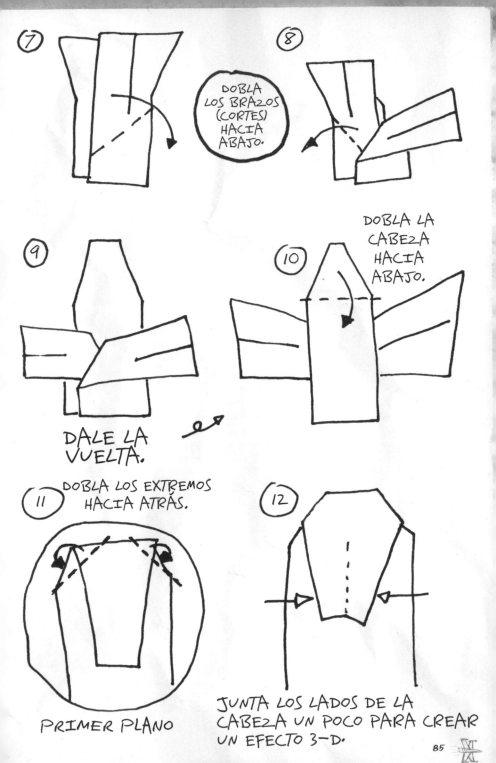

⑦

⑧

DOBLA
LOS BRAZOS
(CORTES)
HACIA
ABAJO.

DOBLA LA
CABEZA
HACIA
ABAJO.

⑨

⑩

DALE LA
VUELTA.

⑪ DOBLA LOS EXTREMOS
HACIA ATRÁS.

⑫

PRIMER PLANO

JUNTA LOS LADOS DE LA
CABEZA UN POCO PARA CREAR
UN EFECTO 3-D.

85

13 ¡SEPARA, TUERCE, DOBLA Y APRIETA LOS BRAZOS PARA CONSEGUIR UNA POSE DE GUERRA DE JEDI!

14

DIBUJA LA CARA.

15 AÑADE EL SABLE DE LUZ U OTRAS COSAS ÚTILES.

MT. DEW

DISFRACES DE ORIGAMI

POR SARA, TOMMY, Y KELLEN

1. PÍDELE A UN PROFESOR QUE OS DÉ CUATRO O CINCO METROS DE PAPEL DE EMBALAR. (SEGURAMENTE TIENEN ROLLOS GIGANTES GUARDADOS EN EL ALMACÉN O EN ALGUNA PARTE DE LA ESCUELA . . .).

2. SI NO, DEBERÁS IR A UNA TIENDA DE MATERIAL ESCOLAR O ARTÍSTICO. VERÁS QUE ES UN PAPEL MUY BARATO.

3. HAZ TU ORIGAMI. (QUIZÁ PREFIERAS PRACTICAR PRIMERO CON UN TROZO DE PAPEL PEQUEÑO, POR SUPUESTO). CUANDO HAGAS EL GRANDE, USA MUCHA CINTA ADHESIVA.

4. DECIDE CÓMO TE LO VAS A PONER: EN LA CABEZA O CON UN AGUJERO PARA PASAR LA CABEZA. CORTA DOS AGUJEROS PARA LOS OJOS . . . O . . . CORTA EL ESPACIO PARA LA CABEZA.

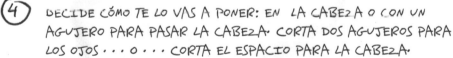

MANGAS BLANCAS

NOTA: ¡¡¡NO CORTES LOS AGUJEROS MIENTRAS ESTÉS DENTRO!!! ¡¡¡MURKY CONOCE A UN CHICO QUE SE CORTÓ LA NARIZ DE ESA MANERA Y AHORA LLEVA UNA DE MENTIRA, EN SERIO!!!

HACER 1.000 YODAS

POR LOS MAESTROS DE ORIGAMI BEN Y KELLEN

CONSIGUE 250 HOJAS DE PAPEL...

CÓRTALAS POR LA MITAD...

CORTA LAS MITADES POR LA MITAD...

¡AHORA TIENES 1.000 RECTÁNGULOS!

ELIGE

YODAS DE CINCO PLIEGUES COMO EN EL ARCHIVO DEL CASO DE DARTH PAPER... UNA TAREA ENORME

O LOS YODAS NORMALES DEL ARCHIVO DEL CASO DE ORIGAMI YODA... ¡¡¡UNA TAREA MONSTRUOSAMENTE ENORME!!!

¡SEA COMO SEA... MUCHA PACIENCIA NECESITARÁS!

¿SABIDURÍA DE JEDI CONSEGUIRÁS?

¿O SOLO UN GRAN LÍO?

ENCONTRARÁS INSTRUCCIONES PARA HACER LOS DOS YODAS EN LA PÁGINA DE INTERNET DE TOMMY: ORIGAMIYODA.COM

NO MALGASTES LAS HOJAS DE COLORES

POR KELLEN

¡¡¡¡PRACTICA CON HOJAS NORMALES ANTES DE HACERLO CON LAS HOJAS DE COLORES!!!! ¿SABES CUÁNTO CUESTA IMPRIMIRLAS? ¡¡¡¡¡MUCHÍSIMO!!!!!

CUANDO AVERIGUAMOS CUÁNTO COSTABA, TUVE QUE PEDIRLE A MI MADRE DINERO EXTRA. ME DIJO QUE ME LO DARÍA SI YO LE PERMITÍA PONER UN ANUNCIO EN EL ARCHIVO DEL CASO.

DIJO QUE SERÍA COMO UN MENSAJE DE SERVICIO PÚBLICO. NO TENÍA ALTERNATIVA, ASÍ QUE AQUÍ ESTÁ...

Kellen:

Estoy muy orgullosa de ti y de los demás chicos por haber hecho este libro. Vuestros dibujos y proyectos son verdaderamente bonitos, y todos vosotros tenéis un futuro prometedor...

...si conseguís hacer las cosas de manera más pulcra.

Sería incomprensible que trabajarais tanto en algo como esto y que, luego, permitierais que quedara mal.

¡Y la letra! ¿Cómo esperáis que los demás lean vuestras historietas si hacéis un garabato dentro de los globos?

¡Así que hacedlo bien y llegaréis lejos!

Te quiere,
Mamá

Comentario de Harvey

→ Qué vergüenza... ¡en especial porque tiene razón!

DOBLAR LAS HOJAS DE COLORES . . .

DWIGHT DICE QUE LO MÁS DIFÍCIL DE HACER ORIGAMI PUEDE SER ENCONTRAR EL COLOR DE PAPEL QUE QUIERES. AQUÍ TIENES UNAS COMBINACIONES DE COLORES PARA HACER CINCO PERSONAJES DE LA GUERRA DE LAS GALAXIAS. Y, COMO HE DICHO ANTES, USA ESTE PAPEL CON CUIDADO. DOBLA POR LA LÍNEA PERFORADA ANTES DE ARRANCAR EL PAPEL Y PRACTICA PRIMERO CON UN PAPEL NORMAL.

- LA HOJA GRIS/BLANCA ES PARA HACER A ART2-D2. SIGUE LAS INSTRUCCIONES DE LA PÁGINA 70. EMPIEZA CON LA PARTE BLANCA HACIA ARRIBA, DE FORMA QUE CON EL PRIMER PLIEGUE SALGA UNA CÚPULA GRIS ENCIMA DE UN CUERPO BLANCO.

- EL PAPEL DORADO/DORADO ES PARA C-3PO. SIGUE LAS INSTRUCCIONES DE LA PÁGINA 72.

- EL PAPEL MARRÓN/VERDE ES PARA YODA. SIGUE LAS INSTRUCCIONES DE LA PÁGINA 73. EMPIEZA CON EL LADO VERDE HACIA ARRIBA, DE FORMA QUE CON EL PRIMER PLIEGUE CONSIGAS LA TÚNICA MARRÓN. O SIGUE LAS INSTRUCCIONES DEL PRIMER ARCHIVO DEL CASO DE TOMMY, _EL EXTRAÑO CASO DE YODA ORIGAMI_. PARA HACER ESE, EMPIEZA CON EL LADO MARRÓN HACIA ARRIBA. TOMMY TAMBIÉN HA PUESTO LAS INSTRUCCIONES EN SU PÁGINA DE INTERNET, ORIGAMIYODA.COM.

- EL PAPEL NARANJA/BLANCO ES PARA EL ALMIRANTE ACKBAR. SIGUE LAS INSTRUCCIONES DE LA PÁGINA 74. EMPIEZA CON EL LADO NARANJA HACIA ARRIBA, DE FORMA QUE CON EL PRIMER PLIEGUE CONSIGUAS SU UNIFORME BLANCO.

- ¡EL PAPEL NEGRO/NEGRO ES PARA DARTH PAPER! PUEDES SEGUIR LAS (CASI IMPOSIBLES) INSTRUCCIONES DE HARVEY DE LA PÁGINA 76. O PUEDES SEGUIR LAS INSTRUCCIONES DE BEN, MÁS FÁCILES, DEL SEGUNDO ARCHIVO DEL CASO DE TOMMY, _DARTH PAPER CONTRAATACA_ Y QUE TAMBIÉN SE ENCUENTRAN EN ORIGAMIYODA.COM.

FOTOGRAFÍAS DE MARIONETAS DE DIBU-GAMI

POR RHONDELLA

Eh . . . ¿dibu-gami? ¿De verdad lo llamáis dibu-gami?

¡Solo vosotros podíais hacer que las marionetas de *La guerra de las galaxias* fueran MÁS vergonzosas!

Sea como sea, solo hago esto porque siempre me estáis enviando esas fotos oscuras y borrosas. Como esta . . .

¿En serio? ¡Yo hacía fotos mejores incluso antes de estar en el equipo del libro de curso!

Así que os voy a dar unas cuantas pistas para hacer mejores fotos de vuestras obras.

Aquí tenéis a Mandakinkian, o como se llame. Se ve un millón de veces mejor, ¿verdad?

Bueno, pues se hace de la siguiente manera . . .

Consejo #1: ¡CUIDADO CON EL LADO OSCURO!

No necesitas una gran cámara ni un objetivo especial ni unos focos superpotentes . . . solo debes . . .

¡SALIR FUERA! Las fotos te saldrán mucho mejor si las haces al aire libre. ¡Durante el DÍA, evidentemente! Lo mejor que puedes hacer es salir un día que haga sol y buscar un lugar a la sombra . . .

Pero asegúrate de que no sea un lugar en que haya un poco de sombra y un poco de sol: ¡eso distrae!

La foto de abajo se hizo apartándose un poco . . . donde el sol no daba directamente . . .

Consejo #2: ENFOCAR

¿Ves que la foto de arriba está un poco borrosa? ¡Me acerqué demasiado!

Si tu cámara tiene la opción de «Macro» o «Flor», ¡empléala!

Si no, aléjate y utiliza el zum con una aplicación o un editor de fotos online. (Hay muchos gratis.)

Consejo #3: ¡PREPARA UN FONDO!

Que la palabra «fondo» no te asuste . . . Solo me refiero a un trozo de papel liso. Eso te ayudará a resaltar el origami y evitará que aparezcan más fotos de origamis encima de una sábana arrugada.

Un papel de color como el de hacer origami queda muy bien.

Coloca el papel en un lugar adecuado (consejo #1), luego coloca el origami en el centro del papel y haz la foto siguiendo el consejo #2.

¡Se trata de evitar distracciones visuales para que la gente pueda ver bien tu origami y no solo el horrible mantel de mamá! Esta soy yo haciendo una foto de mí haciendo una foto de ese mono de Jabba.

Salió bastante bien . . .

Consejo #4: ELIGE EL COLOR DE FONDO CON CUIDADO

Si te gastas 1 € en un paquete de papeles de colores, podrás elegir un color adecuado para cada marioneta . . .

Darth Maul se confunde encima de un papel negro, y encima del papel blanco no se le ven los cuernos. En este caso es mejor elegir un color totalmente distinto.

¡Ahora sí se le ve bien!

¿Sabes qué otra cosa sería genial? Hacer el fondo con un ordenador.

Entonces solo deberías poner el origami ahí y ¡TACHÁN!

Creo que soy la chica más guay de toda la escuela, porque he hecho dos para ti. He descargado el logo de *La guerra de las galaxias* de starwars.com.

CÓMO DIBUJAR CAMISETAS Y PANTALONES

POR KELLEN

QUIZÁ TE PAREZCA QUE DIBUJAR PERSONAS ES DIFÍCIL · · · Y ESO ES PORQUE ES DIFÍCIL. PERO NO ES IMPOSIBLE SI LO HACES PASO A PASO Y EMPIEZAS POR · · · UNA CAMISETA, QUE SÍ ES FÁCIL.

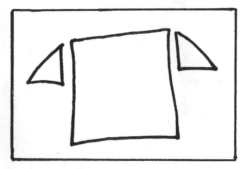

SE TRATA DE DOS TRIÁNGULOS PEGADOS A LOS LADOS DE UN RECTÁNGULO · · ·

CON UNA «U» EN MEDIO PARA HACER EL CUELLO.

HAZ LOS TRIÁNGULOS UN POCO CURVADOS, Y NO DIBUJES TODAS LAS LÍNEAS.

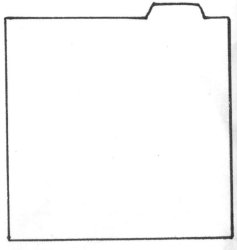

PRACTICA AQUÍ HASTA QUE SEAS UN
MAESTRO DE DIBUJAR CAMISETAS.

AHORA AÑADE EL PANTALÓN...

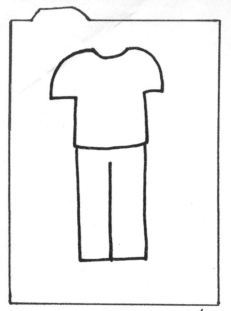

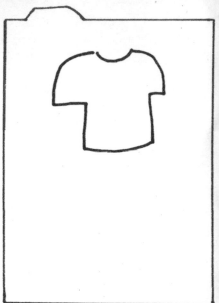

SE TRATA DE UN RECTÁNGULO CON UNA LÍNEA EN MEDIO O UNA «V» AL REVÉS... ¡Y UN PANTALÓN CORTO ES SOLO UN PANTALÓN <u>CORTO</u>!

LOS BOLSILLOS AYUDAN

INTÉNTALO...

PANTALÓN

PANTALÓN CORTO

PRACTICA AQUÍ HASTA QUE SEAS UN
MAESTRO DE DIBUJAR CAMISETAS
Y PANTALONES JUNTOS · · ·

CÓMO DIBUJAR ZAPATOS

POR KELLEN

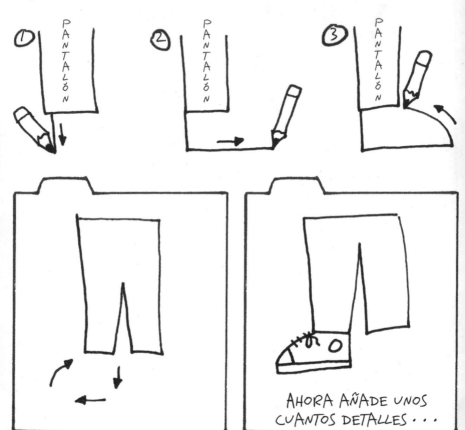

① PANTALÓN

② PANTALÓN

③ PANTALÓN

AHORA AÑADE UNOS CUANTOS DETALLES...

CAMBIA UNA O MÁS DE ESTAS TRES LÍNEAS...

¡Y CONSEGUIRÁS UN MONTÓN DE ZAPATOS DISTINTOS!

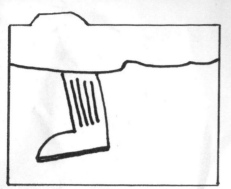
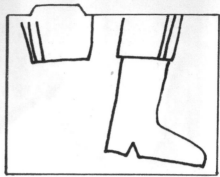

O HAZ UNA LÍNEA LARGA PARA DIBUJAR LAS BOTAS DE LEIA Y DE HANS.

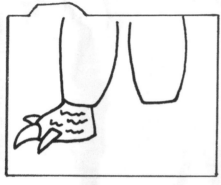
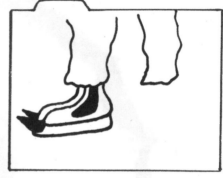

AÑADE UNAS GARRAS PARA BOSSK.

¡NO TE OLVIDES DE LAS UÑAS DE BOBA!

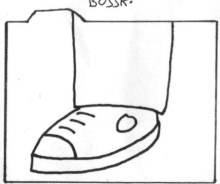

INTÉNTALO . . .

CURVA LA LÍNEA 2 PARA HACER UN EFECTO 3D.

CONSEJO EXTRA: ¡NO TE OLVIDES DE LAS LÍNEAS DE «APESTA» PARA LOS ZAPATOS DE HARVEY!

CÓMO DIBUJAR MANOS Y BRAZOS DE MENTIRA

POR KELLEN

¡¡¡LAS MANOS Y LOS BRAZOS SON __DIFÍCILES__!!! SI NO TIENES GANAS DE TANTO ESFUERZO, PRUEBA CON ESTOS DE MENTIRA · · ·

DIBUJA UNA LÍNEA HACIA ABAJO AL LADO DE LA CAMISETA · · ·

DIBÚJAME EL OTRO BRAZO, POR FAVOR

AÑADE LA CURVA DE LA MANO Y UNA <<U>> O UNA <<J>> AL REVÉS PARA HACER EL DEDO PULGAR.

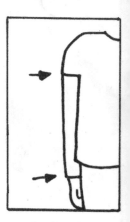

PARA HACER LA MANGA LARGA CAMBIA LA LÍNEA DE LUGAR.

UN CONSEJO RÁPIDO SOBRE ESCRIBIR ENCIMA DE LAS CAMISETAS:

CON LÍNEAS RECTAS SE VE PLANO

CON CURVAS QUEDA MEJOR

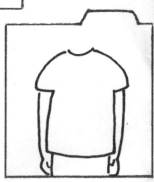

DEMUESTRA TU HABILIDAD CON LAS
MANOS Y LOS BRAZOS DE MENTIRA···

CÓMO DIBUJAR CABEZAS

POR KELLEN

 OH, GENIAL... ¡LA CABEZA ES LA PARTE MÁS DIFÍCIL DE DIBUJAR!

NO... LO MÁS FÁCIL ES...

¡SI EMPLEAS UN TRUCO MENTAL DE JEDI!

 MIRA... ¡CUANDO DIBUJAS UN CUERPO, CASI CUALQUIER COSA QUE DIBUJES ENCIMA PARECERÁ UNA CABEZA!

INCLUSO UN CHURRO CON UNA SONRISA O UN GARABATO.

PRUÉBALO . . . NO TE PREOCUPES POR
LAS CARAS, TODAVÍA. UNA SONRISA SERÁ
SUFICIENTE.

CÓMO DIBUJAR OJOS

POR KELLEN

EN PRIMER LUGAR . . . ¡NO DIBUJES LOS OJOS ASÍ!

¡SOLO CONSEGUIRÁS QUE PAREZCA UN FRIKI! A NO SER QUE SEA AHSOKA.

¡LOS OJOS PUEDEN TENER MUCHAS FORMAS, ASÍ QUE DEBES MIRAR A LA PERSONA ANTES DE DIBUJAR SUS OJOS!

YO (KELLEN)	TOMMY	REMI
HARVEY	GENERAL GRIEVOUS	LOS TUYOS

EN REALIDAD, ALGUNAS PERSONAS LOS TIENEN CON LA MISMA FORMA.

118

FÍJATE EN PERSONAS DISTINTAS E INTENTA
DIBUJAR SOLO SUS OJOS...

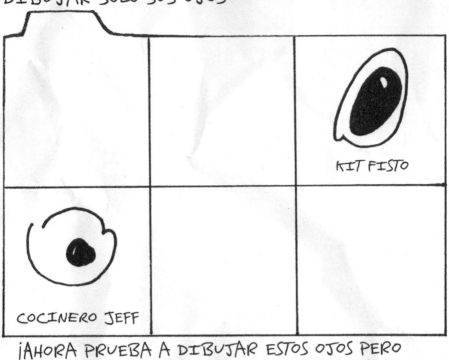

KIT FISTO

COCINERO JEFF

¡AHORA PRUEBA A DIBUJAR ESTOS OJOS PERO
MUY PEQUEÑOS!

¡PREMIO SI RECONOCES
DE QUIÉN SON!

¿QUÉ DIFERENCIAS HAY ENTRE ESTOS DOS DIBUJOS DE DWIGHT?

¡EL DE LA DERECHA TIENE <<BRILLO DE OJOS>>! EL BRILLO DE OJOS SIEMPRE ES UNA BUENA IDEA··· ¡PERO A NO SER QUE TENGAS UN ROTULADOR BLANCO A MANO, DEBERÁS PLANEARLO ANTES!

DIBUJA LA FORMA DEL OJO.

DIBUJA LA PUPILA.

DIBULA UN CÍRCULO PARA EL BRILLO.

RELLÉNALO.

UN COMENTARIO SOBRE LAS GAFAS...

¡¡¡PUEDEN SER DIFÍCILES!!!

YO PRIMERO PREFIERO DIBUJAR LAS GAFAS Y, LUEGO, AÑADIR LOS OJOS. HE AQUÍ CÓMO DIBUJAR LAS GAFAS Y LOS OJOS DE HARVEY.

INTÉNTALO...

¡YO NO LLEVO GAFAS CUADRADAS! ¿POR QUÉ ME DIBUJAS SIEMPRE CON GAFAS CUADRADAS? ¡NADIE LLEVA GAFAS CUADRADAS! ¡¡¡¡¡Y MIS OJOS TAMPOCO SON TRIÁNGULOS!!!!!

CÓMO DIBUJAR CARAS

POR KELLEN

CUANDO SEPAS
DIBUJAR LOS OJOS...

... SOLO DEBERÁS PONER
UNA NARIZ EN MEDIO
Y UNA LÍNEA DEBAJO
PARA HACER LA BOCA.
(A MÍ ME GUSTA AÑADIR
UNA LÍNEA EXTRA
DEBAJO DE LA LÍNEA DE
LA BOCA.)

DESPUÉS AÑADE EL
PELO. Y DIBUJA UNA
LÍNEA QUE EMPIECE
CON UNA OREJA,
RODEE LA CARA, Y
TERMINE EN LA OTRA
OREJA.

SARA

TOMMY

COCINERO
JEFF

PRUEBA CON ESTAS CARAS...

DIBUJA AL PERSONAJE BUENO DE LA GUERRA DE LAS GALAXIAS QUE MÁS TE GUSTE.

DIBUJA AL PERSONAJE MALO DE LA GUERRA DE LAS GALAXIAS QUE MÁS TE GUSTE.

DIBÚJATE A TI MISMO Y A TU MEJOR AMIGO · · ·

CÓMO DIBUJAR MANOS

POR KELLEN

¡LAS MANOS SON LO MÁS DIFÍCIL DE DIBUJAR DEL UNIVERSO! Y YO NO AFIRMO QUE LO HAGA BIEN. (¡¡¡ASÍ QUE NO EMPIECES, HARVEY!!!) ¡PERO AQUÍ TIENES MIS CONSEJOS DE SUPERVIVENCIA PARA DIBUJAR MANOS!

HICE UNA FOTO DE LA MANO DE TOMMY Y LUEGO LA DESCARGUÉ EN EL ORDENADOR. DESPUÉS DIBUJÉ UNA LÍNEA ALREDEDOR DE ELLA. ESTO ES LO QUE DESCUBRÍ . . .

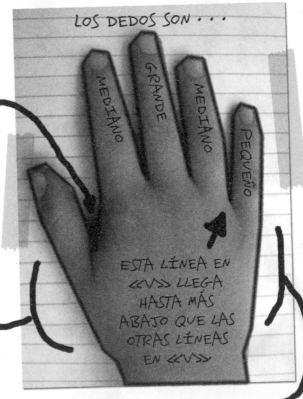

LOS DEDOS SON . . .

MEDIANO / GRANDE / MEDIANO / PEQUEÑO

AQUÍ HAY UN ESPACIO ANTES DE LLEGAR A LOS OTROS DEDOS . . .

EL PULGAR SOBRESALE EN ÁNGULO . . .

ESTA LÍNEA EN <<V>> LLEGA HASTA MÁS ABAJO QUE LAS OTRAS LÍNEAS EN <<V>>

Y HAY UN GRAN ESPACIO DEBAJO DEL DEDO MEÑIQUE ANTES DE LLEGAR A LA MUÑECA . . .

AHORA VEAMOS SI PODEMOS UTILIZAR TODA
ESTA INFORMACIÓN PARA DIBUJAR UNA MANO.

EL PULGAR
SOBRESALE
EN ÁNGULO.

DIBÚJALOS AQUÍ...

HAY UN
ESPACIO
AL LADO DEL
PULGAR.

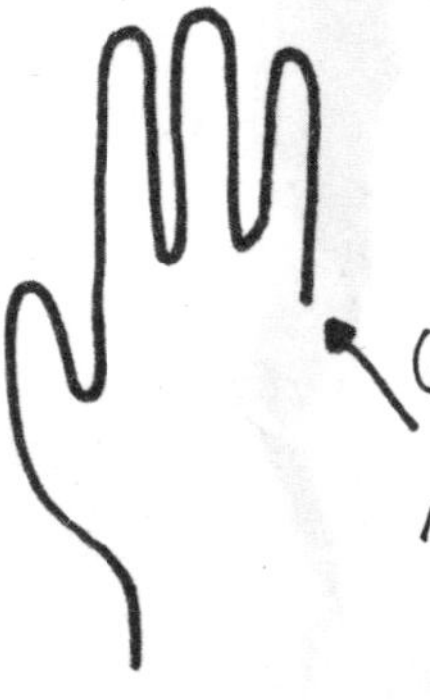

LOS DEDOS SON
MEDIANO,
GRANDE,
MEDIANO...
(RECUERDA, ESTA
«V» BAJA
MÁS) Y PEQUEÑO.

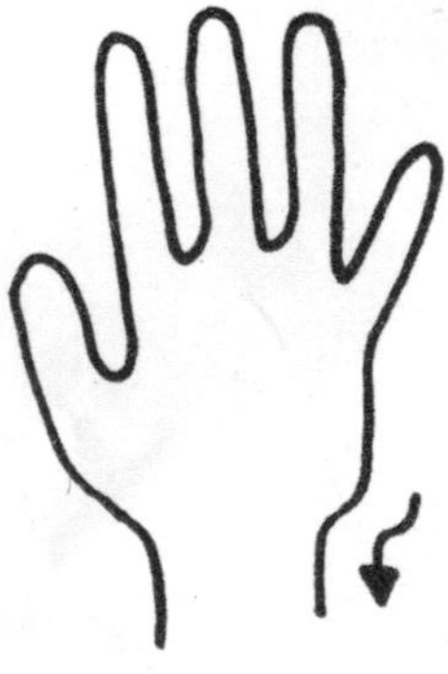

HAY UN
ESPACIO
DEBAJO DEL
MEÑIQUE.
LA MUÑECA SE
HACE CON UNA
CURVA HACIA
DENTRO.

DIBUJAR LAS MANOS CERRADAS ES UN POCO MÁS FÁCIL.

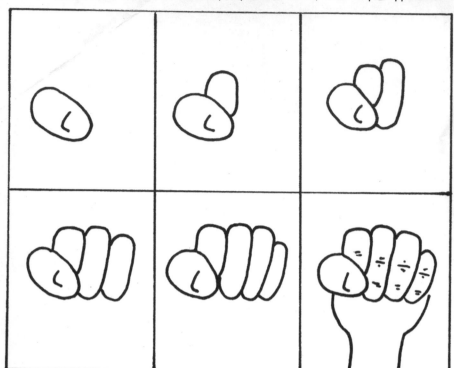

PRUEBA CON LA MANO DERECHA · · ·

Y CON LA IZQUIERDA · · ·

¡LO MEJOR ES EVITAR DIBUJAR LAS MANOS AL PRINCIPIO! HAZ QUE TU MUÑECO SOSTENGA UN:

CARTEL

¡DIBUJA UNA CAJA Y DEJA UN AGUJERO PARA EL PULGAR!

AGUJERO PARA EL PULGAR

¡PERO NO HAGAS ESTO!

MALO

PEOR

¡NO ENGAÑARÁS A NADIE! ¡ADEMÁS, PARECE QUE ESTE ESTÉ → HACIENDO PIS!

¡LAS VIÑETAS SON EL MEJOR INVENTO PARA EVITAR DIBUJAR LAS MANOS! ¡SOLO DEBES CORTAR LA FIGURA POR ENCIMA DE LAS MANOS Y YA ESTÁ! ADEMÁS, UNA VIÑETA HACE QUE TUS GARABATOS PAREZCAN DIBUJOS ARTÍSTICOS.

¡OH SÍ, LAS VIÑETAS TAMBIÉN FUNCIONAN PARA LA BOCA! →

...Y LUEGO DIBUJAR OTRA LÍNEA AL LADO...
Y AÑADIR UNA MANO.

AHORA QUE YA DOMINAS EL DIBUJO
DE PERSONAS, HA LLEGADO EL
MOMENTO DE · · ·

¡CÓMO SONARTE LA NARIZ!

¡¡¡¡¡¡¡¡ESTE PUNTO DE LIBRO TE PODRÍA SALVAR LA VIDA!!!!!!!!

¡El señor Limpio Alegre y Jabonoso te recuerdan los cinco pasos SALVAVIDAS para sonarte la nariz!

1) Lávate las manos antes de sacar el pañuelo de papel de la caja.
2) Utiliza los pañuelos que necesites: ¡¡¡NO LOS MALGASTES!!!
3) Cubre por completo los agujeros de la nariz y sopla con decisión pero de forma educada.
4) Después de utilizar el pañuelo, por favor, tíralo en el lugar adecuado.
5) Lávate las manos —OTRA VEZ— después de haber tocado el pañuelo.

¡Sigue estos pasos para no ponerte enfermo y disfrutar de más días ALEGRES Y LIMPIOS!

UN PUNTO DE LIBRO
OFRECIDO POR EL SEÑOR LIMPIO ALEGRE
CON LA AYUDA DE TOMMY

Haz una fotocopia de esta página y recorta el punto de libro.

CÓMO HABLAR COMO YODA

POR HARVEY

Vale . . . ¡Ahora voy a añadir algo ÚTIL a este archivo del caso! Creo que en lo que todos estamos de acuerdo es que yo soy quien mejor imita a Yoda.

Lo importante es saber en qué orden deben ir las palabras.

¡No se trata solamente de poner el orden de las palabras al revés! ¡Esta es una equivocación común, pero es un ERROR!

> Yo hablo como Yoda

> ¡Yoda como hablo yo!

¿Lo ves? ¡Es horroroso! Y no puedes arreglarlo poniendo sí al final . . . como hacen algunas personas.

> ¡Yoda como hablo yo, sí!

En lugar de eso, debes poner el sujeto al final . . .

Y ahora es el momento de añadir «sí» o «mmm» . . .

¡como Yoda hablo yo, sí!

A veces es mejor trasladar el sujeto y el verbo al final . . .

¡El mejor Harvey es!

METIÉNDOSE
LOS DEDOS EN
LA NARIZ

Inténtalo con estas frases:

El lado oscuro es poderoso
Debes comprar cheetos para todos.
Los tontos se precipitan.
¿Me juzgas por mi tamaño?

TRENCH RUN
EL JUEGO DE LA GUERRA DE LAS GALAXIAS DE 46 CÉNT.

POR MIKE Y KELLEN

NECESITAS:

¡MÁS DOS JUGADORES, UNA MESA Y DOS O MÁS LIBROS!

PRIMERO... ¡APRENDE A DISPARAR UNA MONEDA!

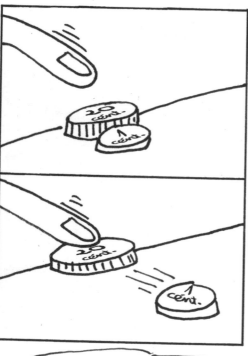

COLOCA UN CÉNTIMO DE MANERA QUE TOQUE EL BORDE DE UNA MONEDA DE VEINTE CÉNTIMOS.

DESPUÉS...

¡GOLPEA LA MONEDA GRANDE CON EL DEDO!

¡LA MONEDA SALE DISPARADA!

(LÍDER REBELDE)

REGLAS:

- DISPARAD LAS MONEDAS POR TURNOS
- GOLPEA LA MONEDA DE 5 DE MANERA QUE QUEDE FUERA DE LA DE 20 PARA PODER MARCAR UN PUNTO.
- ¡SI TOCAS LOS LIBROS O TE CAES DE LA MESA, PIERDES UN TURNO!
- ¿DEMASIADO FÁCIL? ¡AÑADE MÁS LIBROS! ¡JÚNTALOS MÁS! PON MÁS MONEDAS ENCIMA DE LA DE 20 CÉNT.
- ¡EMPLEA LA FUERZA!

CÓMO HACER UN COHETE-PINTALABIOS

POR DWIGHT Y KELLEN

ABRE UNO DE ESOS PINTALABIOS Y GÍRALO PARA SACAR LA BARRA DE CREMA DEL TODO...

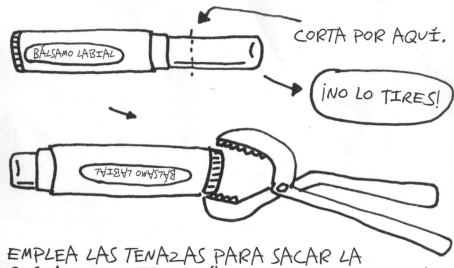

CORTA POR AQUÍ.

¡NO LO TIRES!

BÁLSAMO LABIAL

EMPLEA LAS TENAZAS PARA SACAR LA ROSCA DEL EXTREMO. (¡NO USES UN CUCHILLO!)

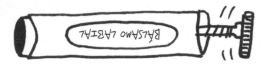

BÁLSAMO LABIAL

CON SUERTE, LA ROSCA SALDRÁ PERO TODAVÍA ESTARÁ PEGADA A ALGÚN MECANISMO DEL TUBO. SI NO, SEGURAMENTE PODRÍAS VOLVER A ENROSCARLA.

NOTA: EL MÉTODO DE DWIGHT QUE CONSISTE EN GOLPEAR EL TUBO CON UNA ENCICLOPEDIA <u>NO</u> ES RECOMENDABLE! ¡SE TARDA UNA <u>ETERNIDAD</u>!

AHORA, ENGRASA EL
EXTREMO DEL TUBO CON
LA BARRA DE BÁLSAMO.
QUIZÁ DEBAS PONER
MÁS O LIMPIAR UN POCO,
DEPENDE DE CÓMO SALGAN
LAS COSAS...

UNTAR

AHORA COLOCA EL TAPÓN...

BÁLSAMO LABIAL

APUNTA HACIA ARRIBA (Y
LEJOS DE LA CARA ¿EH?)

DALE UN BUEN GOLPE
A LA ROSCA...

CUANDO LA ROSCA ENTRE... ¡EL TAPÓN DEBE SALIR
DISPARADO POR LOS AIRES!

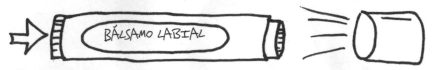

BÁLSAMO LABIAL

¡DISPARARTE EN EL OJO
TÚ NO DEBES!

EL FALSO MÉTODO DE DWIGHT PARA CHASQUEAR LOS DEDOS

POR TOMMY

Por fin he descubierto el misterio de cómo Dwight consigue enloquecer a todo el mundo chasqueando los dedos. ¡Ahora también lo puedo hacer yo! Aquí te explico cómo:

1. Coloca el dedo índice de la mano izquierda entre el índice y el corazón de la mano derecha.

2. Deberían quedar así. La punta del dedo índice empuja la piel entre los dedos.

3. Ahora coloca los tres dedos con firmeza contra la barbilla. Debes crear un bolsillo de aire encima del dedo índice de la mano izquierda.

4. ¡Ahora dobla el índice izquierdo hacia abajo con rapidez! ¡Al soltarse de los otros dedos, el aire debería salir expulsado y emitir un fuerte CHAS!

¡¡¡Requiere mucha práctica, pero pronto podrás intrigar a toda la clase!!! ¡Buena suerte, y usa tus poderes con sabiduría!

CÓMO IMPRIMIR CON GOMA DE BORRAR

POR MURKY Y KELLEN

BUENO, PARA ESTO NECESITARÁS UNA DE ESAS GOMAS DE BORRAR GRANDES. ALGUNAS SON DE COLOR ROSA. NO IMPORTA EL COLOR. SOLO DIGO QUE ALGUNAS SON ROSAS.

TAMBIÉN NECESITARÁS UN PAR DE ROTULADORES PERMANENTES, PERO NO MUY FINOS. LOS FINOS SON DODO PERO NO PARA ESTO. PARA ESTO SOLO NECESITAS UNOS NORMALES

ROSA

NORMAL™   MARRÓN

NORMAL™   NEGRO

DIBUJA UN MONTÓN DE PELO EN LA PARTE PLANA DE LA GOMA. SON MUCHAS LÍNEAS CORTAS, ASÍ QUE NO PIERDAS MUCHO EL TIEMPO. SI LO HACES, LA TINTA SE SECARÁ Y TE QUEDARÁS EN PLAN «¿QUÉ?»

EN CUANTO TERMINES DE DIBUJAR, DALE LA VUELTA ENCIMA DE UN PAPEL Y APRIETA MEGAFUERTE; LUEGO LEVÁNTALA CON CUIDADO PARA NO EMBORRONAR.

VALE, AHORA DEBERÍAS TENER ALGO ASÍ. SI ESTÁ UN POCO BORROSO, NO TE PREOCUPES. A CHEWIE NO LE MOLESTARÁ.

AHORA DIBUJA LA CARA DE CHEWIE EN LA GOMA DE BORRAR CON EL ROTULADOR PERMANENTE.

Y DIBUJA LA CARTUCHERA DEL REVÉS.

AHORA DALE LA VUELTA Y COLÓCALO ENCIMA DEL PELO Y APRIETA OTRA VEZ.

DEBERÍA QUEDARTE ALGO ASÍ. SI NO, VUELVE A INTENTARLO. LA GOMA SE SECA EN DOS SEGUNDOS.

PARA HACER LOS BRAZOS DE CHEWIE

DIBUJA UN POCO DE PELO EN EL LATERAL DE LA GOMA

Y DÓBLALA . . . COLÓCALA . . . ¡APRIÉTALA . . . !

DESPUÉS PONLE ALGÚN BRAZO

PUEDES HACER MUCHOS PERSONAJES DE LA GUERRA DE LAS GALAXIAS . . . ¡INCLUSO A ART2—D2!

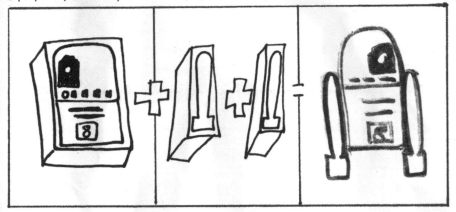

IMPRESIONES DE NAVES ESPACIALES Y FIGURAS
POR AMY

Vale, esto no va de dibujar en realidad. Es posible que acabes emborronado de tinta. O es posible que acabes haciendo algo tan bueno que se pueda colocar en un museo. ¡Es aleatorio, así que diviértete! Necesitarás:

- Boligoma (¡Puedes intentarlo con plastilina, pero la boligoma o masilla va genial! (Yo utilicé tres boligomas para hacer el Halcón del Milenio.)
- Tampón de tinta (También puedes probarlo con rotuladores.)
- ¡Figuras de *La guerra de las galaxias*! (Si eres cuidadoso, no se estropearán, pero no pruebes este experimento con alguna antigüedad valiosa o algo. Y verás que algunas figuras van mejor que otras . . .)

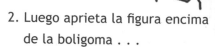

¡ESTAMOS CONDENADOS!

1. Aplana la boligoma de tal forma que te quede del mismo tamaño que la figura . . .

2. Luego aprieta la figura encima de la boligoma . . .

SEÑOR . . . HE CALCULADO QUE LAS POSIBILIDADES DE SOBREVIVIR A UN ATAQUE DE BOLIGOMA SON . . .

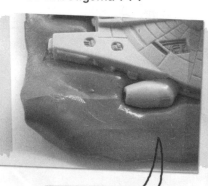

¡NUNCA DIGAS LAS POSIBILIDADES!

3. Con cuidado, saca la figura . . . ¡ahora tienes el molde!

4. Mánchate el dedo de tinta con el tampón y luego pásalo por encima de la boligoma. ¡Continúa haciéndolo hasta que toda la superficie quede manchada de tinta! Pero no quieras llenar de tinta todos los agujeros . . . ¡eso es lo que permitirá hacer la impresión!

5. Ahora dale la vuelta a la boligoma de manera que la superficie con tinta quede encima del papel . . . y apriétalo con los dedos . . .

6. ¡¡¡Luego quita la boligoma y la impresión quedará al descubierto!!!

No te preocupes si no queda perfecto . . . ¡no se supone que deba serlo!

Consejos:

- ¡Si haces una bola con boligoma, podrás volver a utilizarla!
- Eso está bien, porque a veces hay que hacerlo dos o tres veces para conseguir una buena impresión.
- Prueba a escanear o a fotografiar tus impresiones y ajusta el color, el contraste y el tamaño.
- Puedes utilizar dos figuras para hacer una impresión. Para la de Chewie de abajo, hice un trozo con el Halcón y luego coloqué a Chewie encima.
- ¡Experimentar es la clave! Algunas figuras, como Jabba, salen muy bien; otras, como Salacious Crumb, no (¡La nariz de Crumb es demasiado puntiaguda!)

LA PRÁCTICA Y LA PACIENCIA LA CLAVE SON . . . PAPEL NORMAL PODRÁS UTILIZAR HASTA QUE LISTO PARA HACER LA IMPRESIÓN AQUÍ ESTÉS . . .

Haz una impresión aquí . . .

PODRACING CON LÁPICES

POR MIKE

Bueno, ¿recuerdas que el señor Snider nos enseñó a jugar a ese viejo juego de *La guerra de las galaxias* en que los alas-X y los caza TIE luchaban alrededor de una Estrella de la Muerte? Bueno, ese juego es dodo, pero la verdad es que me gusta más el podracing de lápices. Lo inventamos nosotros, y las reglas son las siguientes . . .

Igual que en el otro juego, se dispara la nave/podracer golpeando el lápiz . . .

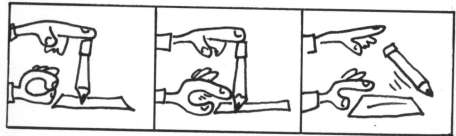

Aprieta hacia abajo la goma o la parte superior del lápiz con el índice de la mano izquierda de manera que la punta del lápiz quede delante de tu podracer. Luego golpea la punta del lápiz con el dedo índice de la mano derecha. Si lo haces bien, el lápiz dejará una marca sobre el papel . . . ¡Allí donde termine la marca es donde va a ir tu podracer! Así que debes volver a dibujar el podracer al final de la marca.

En este juego se avanza por una carretera de obstáculos. (¡Hacer las carreteras de obstáculos es casi tan divertido como jugar!) Debes lanzar el lápiz tan lejos como puedas . . . ¡pero también debes evitar los obstáculos!

Si no le das a ningún obstáculo, vuelve a dibujar tu podracer al final de la marca. Luego le toca el turno al otro.

Si le das a un muro, vuelve a dibujar el podracer en el lugar en que has chocado contra el muro, y se te ha pasado el turno.

Si le das a un obstáculo que tiene etiqueta (como −1 o −2), entonces te quedas sin turno y quizá también pierdas algún turno siguiente . . .

Si chocas con otro podracer, ¡es él quien pierde el turno! ¡Así que jugar como Sebulba puede tener sus ventajas!

También es posible chocar con algo que te dé un turno extra (+1) o quizá un montón de turnos más. Pero no pongáis muchos obstáculos de esos si no queréis que el juego sea aburrido.

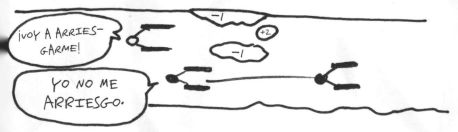

¡Una carretera bien diseñada será una tentación para los jugadores, que querrán correr riesgos dignos de un Anakin para conseguir los premios!

Carrera de podracer para principiante

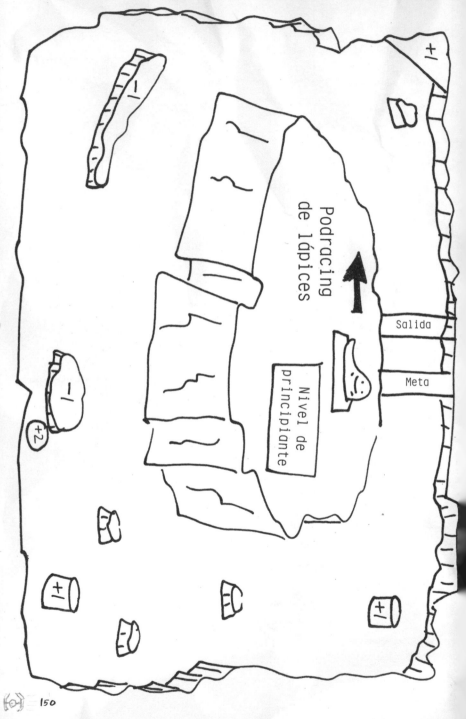

Podracing de lápices

Nivel de principiante

Salida

Meta

150

Ahora dibuja el tuyo . . .

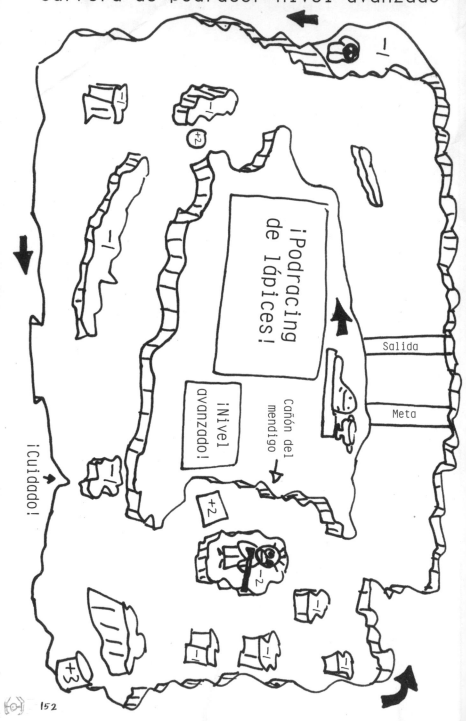

Carrera de podracer nivel avanzado

¡Podracing de lápices!

¡Nivel avanzado!

Cañón del mendigo

Salida

Meta

¡Cuidado!

152

Ahora dibuja el tuyo . . .

153

POR KELLEN

ADVERTENCIA: ¡ESTE PROYECTO ES PERFECTO PARA
CONSEGUIR QUE TU MADRE SE ENOJE! ¡LO HE COMPROBADO!
ASÍ QUE USA EL SENTIDO COMÚN... HAZLO EN EL
EXTERIOR, UTILIZA UNA CAMISETA VIEJA, TEN CUIDADO
CON EL BOTE DE SPRAY, ETC.

NECESITARÁS:
- UNA CAMISETA BLANCA
- BOTE DE PINTURA
  GRIS EN SPRAY
- TIJERAS
- CINTA ADHESIVA
- ROTULADOR FINO NEGRO
- PAPEL PARA HACER EL BORRADO
- SUPERFICIE PLANA EXTERIOR
- UN MOTÓN DE MONEDAS DE CÉNTIM
  (O QUIZÁ UNA DE DIEZ)

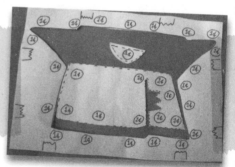

1. RECORTA LA PLANTILLA
   DE LA PÁGINA
   SIGUIENTE POR LA LÍNEA
   CONTINUA NEGRA.

2. CORTA LAS PARTES
   INTERIORES DE LA
   PLANTILLA.

3. AHORA COLOCA LA CAMISETA
   ENCIMA DE ALGO PLANO
   QUE PUEDAS MANCHAR DE
   PINTURA. YO UTILICÉ UNA
   TAPADERA DE PLÁSTICO...

PLANTILLA

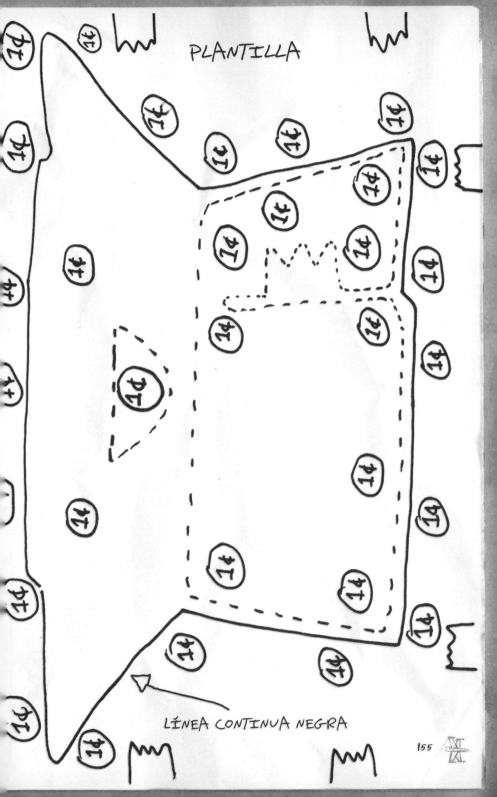

LÍNEA CONTINUA NEGRA

155

SI NO QUIERES HACER LA CAMISETA, PUEDES DIBUJAR AQUÍ.
¡PERO SI HACES LA CAMISETA, NO DIBUJES AQUÍ PORQUE
LUEGO DEBERÁS CORTARLO!

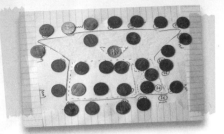

4. COLOCA LA PLANTILLA EN EL CENTRO DE LA CAMISETA (UNOS CINCO U OCHO CENTÍMETROS POR DEBAJO DEL CUELLO). PEGA EL PAPEL PARA BOCETOS EN LOS EXTREMOS CON CINTA ADHESIVA. CUBRE TODA LA CAMISETA CON EL PAPEL, SI ES POSIBLE.

5. AHORA COLOCA LAS MONEDAS ENCIMA DE LA PLANTILLA PARA SUJETARLA EN SU SITIO, DEJANDO LA CAMISETA AL DESCUBIERTO. QUIZÁ NECESITES LA MONEDA DE 10 CÉNTIMOS. PARA LA BOCA. ¡¡¡¡Y AÑADE DOS MONEDAS DE 1 CÉNTIMO. PARA HACER LOS OJOS!!!!

6. ¡EMPIEZA A APLICAR EL SPRAY! PERO NO LO HAGAS MUY CERCA · · · PORQUE LA PINTURA SE PODRÍA COLAR POR LOS BORDES DE LA PLANTILLA.

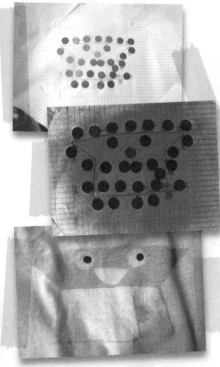

7. ESPERA UNOS MINUTOS PARA QUE SE SEQUE. LUEGO QUÍTALO TODO CON CUIDADO. ¡¡DEBAJO APARECERÁ YODA ORIGAMI!!

8. ¡¡¡¡¡PINTA LOS OJOS CON EL ROTULADOR NEGRO Y PONTE LA CAMISETA CON ORGULLO!!!!!! (SE VE MÁS BONITO EN COLOR.)

Genial, ¿qué se supone que voy a hacer ahora con un montón de monedas de color verde?

← Comentario de Harvey

EL FIN ES EL PRINCIPIO

POR TOMMY

Bueno, debo admitir que al principio me sentí un poco decepcionado. No con el archivo del caso, sino con mis dibujos y demás.

Mi AT-AT ha quedado como si Luke ya lo hubiera hecho volar por los aires. El lápiz de labios le dio a mi hermano en la cabeza y tuve serios problemas. La camiseta me salió bien, pero ojalá hubiera utilizado pintura verde porque todo el mundo, al verla, me pregunta «Ah, ¿Yoda es rojo? ¿Es una especie de Darth Yoda o algo?». Y sí, también hice enfadar a mamá porque manché la entrada de casa con la pintura.

AT-AT
DE TOMMY →

¡Pero mis dibujos son lo peor! Todos los dibujos que he hecho de personas parecen un insulto.

Lo único que me salió bien fue un dibujo de un ugnaught. ¡Pero la verdad es que estaba intentando dibujar a Sara cuando lo hice! Y en cuanto a las manos . . . ¡ni mencionarlo!

Así que me sentía como un desastre total . . . hasta que Kellen me obligó a enseñar lo que había hecho a él, a Dwight y a Sara.

—¡Este retrato mío no se parece a un ugnaught! —dijo Sara—. ¡Es precioso! ¿Me lo puedo quedar? ¡Y tus emoticonos son geniales!

—Sí, tío, esto es superdodo —añadió Kellen—. Me alegro de que no se parezcan a los de los archivos del caso. ¡Tú tienes estilo propio! Además, el objetivo del archivo del caso no era convertirte en un maestro. El objetivo consistía en que te pusieras a hacerlo.

—¡Sí! Más allá del archivo del caso tú debes ir —dijo Yoda Origami—. Cualquier trozo de papel en arte convertirse puede. Como este . . . Cubrirlo de garabatos tú debes . . .

Harvey Cunningham II
Srta. Bauer
Tercer trimestre

Asignatura de Biografías
Trabajo 3
Autobiografía

Nací en Roanoke, pero siempre he vivido aquí.

Mis padres se dieron cuenta de mis talentos cuando yo tenía cuatro meses.

Las áreas que más domino son las matemáticas, la lectura, la gramática, la ortografía, la historia de Estados Unidos, la geografía de Estados Unidos, la historia mundial, la geografía mundial, las películas, las películas de ciencia ficción, la biología, la entomología (el estudio de los arácnidos y los insectos), la química avanzada, el desarrollo de software y la programación y, por supuesto, el origami.

Mis figuras de origami han salido en el periódico y han recibido treinta y siete «Me gusta» en photowallrus.com

Ahora estoy en séptimo curso, y ya estoy cursando varias asignaturas de Internet de nivel de instituto con un éxito notable.

En el futuro, creo que mi mayor dificultad será decidir cuál de mis talentos debo convertir en una carrera.

Luego, un día escribiré otra autobiografía que será un éxito de ventas y me dará la oportunidad de compartir mis conocimientos y mis ideas con el resto del mundo.

—Un importante camino has iniciado. Finali-
zada está tu formación, pero para siempre tus
habilidades mejorarán —dijo Yoda Origami—.
Recortar tu galón de padawan quizá quieras.

—Pero . . . no tengo un galón de padawan
—repuse—. ¿Me hiciste afeitar la cabeza,
recuerdas?

—Sí, claro, oh . . . —dijo Yoda Origami—.
Pero . . .

—Piip bli-piip —hizo Kellen.

Yo pensé que se había vuelto loca, hasta
que me di cuenta de que tenía a Art2 y a C-3PO
en la mano.

—¡Bien hecho, señor! —dijo C-3PO—. ¿Puedo sugerirle que lo próximo que haga sean unas
piernas para mí? ¡Es bastante terrible no
tener piernas!

—Quizá debería pegarte con cinta adhesiva
a la espalda de Fortune Wookiee —respondió
Sara—. ¡Así podrías volver a actuar la últi-
ma mitad de *El imperio contraataca*!

—¡Oh, no! —exclamó C-3PO/Kellen—. ¡No con
esa bola de pelo llena de pulgas! ¡Sería prefe-
rible tener unas piernas!

—¡Pero no había ninguna instrucción! —dije.

—¡Piiip! —hizo Art2.

—Vale, vale —dije—. ¡Ya encontraré la manera de hacerlo!

—¡Sí! —dijo Yoda Origami—. Dibujando, doblando y experimentando tú continuar debes. Errores cometerás. Este es el camino del jedi dibujante . . . Terminado quizá hayas, pero solo empezado has.

Comentario de Harvey

Bueno, eso fue un poco desagradable. Por cierto, ¿alguien ha encontrado mi trabajo para la clase de la señorita Bauer? ¡Debo entregarlo dentro de cinco minutos!

Comentario de Tommy: Sin comentarios.

163

BIOGRAFÍA DE TOMMY Y KELLEN

POR TOMMY Y KELLEN

He aquí algunos de los libros que hemos utilizado para inspirarnos, para informarnos y para aprender a dibujar y a plegar:

Para hacer más cosas de *La guerra de las galaxias*:
Star Wars Origami (Chris Alexander)
The Star Wars Craft Book (Bonnie Burton)
Star Wars Folded Flyers (Ben Harper & Klutz)

Para aprender a dibujar:
Ed Emberly's Drawing Book: Make a World, Ed *Emberly's Big Green Book*, y muchos más (Ed Emberly)
Animation (Preston Blair)

Para aprender a plegar:
¡Cualquier libro de origami que te caiga en las manos! (Robert Lang, John Montroll, Won Park, ¡y muchos más!)

Referencia:
The Illustrated Star Wars Universe (Ralph McQuarrie y Kevin Anderson)

Millennium Falcon: A 3-D Owner's Guide (Ryder Windham, Chris Trevas, Chris Reiff)
The Making of Star Wars (J. W. Rinzler)
Star Wars: Head to Head (Pablo Hidalgo)
Star Wars: The Visual Dictionary (DK)
Star Wars: The Clone Wars Visual Guide (DK)
Star Wars: Character Encylopedia (DK)
Star Wars: The Clone Wars Character Encyclopedia (DK)

Dodo:
Star Wars: A Galactic Pop-Up Adventure y *Star Wars: A Pop-Up Guide to the Galaxy* (Matthew Reinhart)

Salud:
Booger-Free You, Booger-Free Me! (Brian «señor Limpio Alegre» Compton)

Dwight dice que el libro que le animó a empezar fue *Curious George Rides a Bike* (H. A. Rey). ¡Ya sé que no parece un libro de origami, pero lo es, más o menos!

Y, aunque se trate de películas y de programas de televisión: *La amenaza fantasma, El ataque de los clones, THE CLONE WARS!!!* (la serie de televisión), *La venganza de los Sith, Una nueva esperanza, El imperio contraataca* y *El retorno del Jedi*.

SOBRE EL AUTOR

Tom Angleberger es el autor de la serie Yoda Origami —éxito de ventas según *The New York Times*— que incluye *El extraño caso de Yoda Origami*, *Darth Paper contraataca* y *El secreto de Fortune Wookiee*. También es el autor de *Fake Mustache* y de *Horton Halfpott*, nominada al Premio Edgar. Podéis visitar su página www.origamiyoda.com. Tom vive en los Montes Apalaches, Virginia, con su esposa —también autora e ilustradora— Cece Bell, que le ha enseñado a dibujar perros.

¡QUE LOS PLIEGUES ESTÉN CONTIGO!

LEE TODOS LOS LIBROS DE TOM ANGLEBERGER DE LA FAMOSA SERIE YODA ORIGAMI.